LA MORPHOLOGIE AKKADIENNE EN TABLEAUX

La collection *Langues et cultures anciennes*

1
Égyptien hiéroglyphique.
Grammaire pratique du moyen égyptien et exercices d'application,
par Claude OBSOMER, 2003.

2
Le verbe en hébreu biblique.
Conjugaisons, exercices et corrigés,
par Agnès TICHIT, 2004.

3
Hébreu biblique.
Grammaire de base et introduction aux fêtes juives. Textes expliqués.
Exercices et corrigés
par Agnès TICHIT, 2007 (2e édition).

4
L'Évangile de Marc.
Un original hébreu ?,
par Jean-Marie VAN CANGH et Alphonse TOUMPSIN, 2005.

5
Textes araméens de la Mer Morte.
Édition bilingue, vocalisée et commentée,
par Ursula SCHATTNER-RIESER, 2005.

6
Pratique de la grammaire akkadienne.
Exercices et corrigés,
par Florence MALBRAN-LABAT, 2006.

7
Grammaire comparée des langues sémitiques.
Éléments de phonétique, de morphologie et de syntaxe,
par Jean-Claude HAELEWYCK, 2006.

8
La morphologie akkadienne en tableaux,
par Florence MALBRAN-LABAT, 2007.

9
Procédés synchroniques de la langue poétique grecque,
sous la direction d'Alain BLANC et Emmanuel DUPRAZ, 2007.

www.safran.be

LA MORPHOLOGIE AKKADIENNE EN TABLEAUX

Florence MALBRAN-LABAT

Éditions Safran
Langues et cultures anciennes, 8

Collection *Langues et cultures anciennes*, 8

© 2007 – Éditions Safran | Rue des genévriers, 32 | B – 1020 Bruxelles, Belgique
editions@safran.be – www.safran.be

ISBN 978-2-87457-007-0
D/2007/9835/26

Imprimé en Belgique

Avant-propos

Un ensemble de tableaux qui fournit le résumé des déclinaisons et des conjugaisons, de l'organisation du système nominal et du système verbal est un outil pratique et d'usage fréquent pour qui veut apprendre l'akkadien. En effet, la morphologie de cette langue est riche et très structurée et la maîtrise de l'ensemble de ces données, nécessaire pour une compréhension précise et exacte des textes.

L'acquisition de ces connaissances est facilitée par des présentations didactiques qui aident la mémorisation et la prise de conscience des difficultés et de la réalité – ou de la fragilité – des acquis. Ainsi, la pratique d'exercices permet de mettre en pratique et de tester les résultats du travail de compréhension et de mémorisation de cette morphologie.

Ce livret sera utile à plusieurs niveaux : pour acquérir les connaissances dont il présente une forme synthétique, pour mettre en évidence la structuration des marques, pour vérifier rapidement l'identification d'une forme. Il vient en complément de la grammaire[1] et des exercices[2] publiés précédemment. La terminologie est la même que dans ces deux ouvrages.

Florence Malbran-Labat

[1] Malbran-Labat F., *Manuel de langue akkadienne*, *PIOL* 50, Louvain-la-Neuve, 2004.

[2] Malbran-Labat F., *Pratique de la grammaire akkadienne. Exercices et corrigés, Langues et cultures anciennes 6*, Bruxelles, 2006.

Abréviations

acc.	accusatif
accom.	accompli
act.	actif
adj.	adjectif
adv.	adverbial
ass.	assyrien
bab.	babylonien
COD	complément d'objet direct
com. / c.	commun(e)
constr.	construit
dém.	démonstratif
déter.	déterminatif
f. / fém.	féminin
gén.	génitif
impér.	impératif
inacc.	inaccompli
inf.	infinitif
interr.	interrogatif
jur.	juridique
loc.	locatif
m. /masc.	masculin
mill.	millénaire
nom.	nominatif
morph.	morphologie / morphologique
nat.	de nature
nom.	nominatif
obl.	oblique
opt.	optatif
p. / pers.	personne
parf.	parfait
part.	participe
perm.	permansif
pl.	pluriel
poss.	possessif / possesseur
pron.	pronom
qqch	quelque chose
qqun	quelqu'un
rad.	radical
rem.	remarque
sfx.	suffixe
sg.	singulier
subj.	subjonctif
subst.	substantif
term.	terminatif
vb	verbe

Conventions

-Ø	absence de marque
V	voyelle appartenant à la racine
v^1	voyelle catégorielle
v^2	voyelle catégorielle de l'accompli et de l'impératif pour les verbes à alternance vocalique

Dans les tableaux, les formes notées en caractères droits sont assyriennes.

Table des matières

Avant-propos 5

Abréviations 6

PREMIÈRE PARTIE. LA MORPHOLOGIE NOMINALE 9

1. Les substantifs 10
- 1.1. Radicaux et genres 10
- 1.2. Déclinaison 11

2. Les adjectifs 12
- 2.1. Marques de genre et de nombre 12
- 2.2. Formes de l'adjectif épithète 12

3. Les pronoms 13
- 3.1. Pronoms-adjectifs à morphologie adjectivale 13
- 3.2. Pronoms interrogatifs et indéfinis 15
- 3.3. Pronoms personnels 16

DEUXIÈME PARTIE. LES VERBES 17

1. La structure des verbes 18
- 1.1. Racine verbale 18
- 1.2. Système verbal 18

2. Les verbes forts 19
- 2.1. Verbes triconsonantiques 19
- 2.2. Verbes quadrilitères 26

3. Les verbes faibles 28
- 3.1. Types de verbes 28
- 3.2. Verbes I-faible 29
- 3.3. Verbes II-faible 36
- 3.4. Verbes III-faible 42
- 3.5. Verbes quadrilitères faibles 44

TROISIÈME PARTIE. LES PARADIGMES **45**

1. Le participe actif **46**
1.1. Schème vocalique 46
1.2. Radicaux 46
1.3. Formation de la déclinaison 48
1.4. Exemple : participe actif I/1 48

2. L'adjectif verbal **49**
2.1. Schème vocalique 49
2.2. Radicaux 49
2.4. Exemple : la déclinaison de l'adjectif I/1 51

3. L'infinitif **52**
3.1. Schème vocalique 52
3.2. Radicaux 52
3.3. Formation de la déclinaison 54
3.4. Exemple : la déclinaison de l'infinitif I/1 54

4. Le permansif **55**
4.1. Schème vocalique 55
4.2. Radicaux 55
4.3. Formation des paradigmes 57
4.4. Exemple : la conjugaison du permansif I/1 57

5. L'inaccompli **58**
5.1. Schème vocalique 58
5.2. Formes 58

6. Le parfait **63**
6.1. Schème vocalique 63
6.2. Formes 63

7. L'accompli **69**
7.1. Schème vocalique 69
7.2. Formes 69

8. L'impératif **74**
8.1. Schème vocalique 74
8.2. Formes 74

9. Les modes **79**
9.1. Optatif (avec préfixe modal lu-) 79
9.2. Le ventif 80
9.3. Le subjonctif 80
9.4. Ventif + subjonctif 80

Première partie
La morphologie nominale

1. Les substantifs
2. Les adjectifs
3. Les pronoms

1. LES SUBSTANTIFS

1.1. RADICAUX ET GENRES

[01]

		substantifs masculins	substantifs féminins	
			morphologiques	de nature
radicaux nominaux	substantifs “animés”	*ilu* “dieu” *abu* “père” *ahu* “frère” *amīlu* “homme” *kalbu* “chien” *imēru* “âne”	*iltu* “déesse” *ahatu* “sœur” *sinništu* “femme” *kalbatu* “chienne”	ummu “*mère*” *atānu* “ânesse”
	“inanimés”	*appu* “nez” *ālu* “ville” *ebūru* “moisson”	*erṣetu* “*terre*”	*mātu* “pays” *eleppu* “bateau”
racines verbo-nominales	substantifs “animés”	*malku* “prince”, “roi” (MLK) *kaššāpu* “sorcier” (KŠP)	*malkatu* “princesse” (MLK) *kaššaptu* “sorcière” (KŠP)	
	“inanimés”	*riksu* “lien”, “traité” (RKS) *rigmu* “cri” (RGM)	*rikistu / rikiltu* “traité” (RKS) *libittu* “brique” (LBN) *kabattu* “foie” (KBT)	

1.2. DÉCLINAISON

a) Les marques

[02]

	singulier	duel	pluriel		
	3 cas	2 cas	2 cas		
nom.	*-u(m)*	*-ā(n)*	*-u(m) / ū*		
acc.	*-a(m)*	*-ī(n)/ -ē(n)*	*- i(m) / ī*		
déter.	*-i(m)*				
loc. adv.	*-u(m)*				
term. adv.	*- iš*				
			allongement + redoubl.		suffixe *-ān-*
nom. masc.	*šarru(m)*	*(šarrān)*	*šarrū*		*šarrānu*
	māru(m)	*(mārān)*	*mārū*		
	abu(m)	*(abbān)*		*abbū*	
	išdu(m)	*išdā(n)*	*išdū*		
			suffixe *-āt-*		
nom. fém.	*ummu(m)*	*(ummān)*			*ummātu(m)*
	šarratu(m)	*(šarratān)*aA			*šarrātu(m)*
	mārtu(m)				*mārātu(m)*
	ahatu(m)			*ahhātu(m)*	

b) L'évolution

[03]

			ca. 2500-1500	ca. 1500-1000	ca. 1000-750	après 750
masc.	sg.	nom.	*šarrum*	*šarru*	*šarru*	*šarr* { *u / a / i*
		acc.	*šarram*	*šarra*	*šarra / u*	
		déter.	*šarrim*	*šarri*	*šarri*	
	pl.	nom.	*šarrū ou šarrānu*		*šarrū / šarrānu*	*šarrū / ī / ē* ou *šarrānu / i*
		obl.	*šarrī ou šarrāni*		*šarrī / šarrāni*	
fém.	sg.	nom.	*šarratum*	*šarratu*	*šarratu*	*šarrat* { *u / a / i*
		acc.	*šarratam*	*šarrata*	*šarrata / u*	
		déter.	*šarratim*	*šarrati*	*šarrati*	
	pl.	nom.	*šarrātum*	*šarrātu*	*šarrātu*	*šarrāt* { *u / i / e*
		obl.	*šarrātim*	*šarrāti*	*šarrāti / e*	

2. LES ADJECTIFS

Forme de base du radical: $C_1aC_2iC_3$- : *damiq-*

NB. Quelques thèmes : $C_1aC_2(a)C_3$- (ex. *rap(a)š-* : masc. *rapšu* ; fém. *rapaštu)*
$C_1aC_2(u)C_3$- (ex. *mar(u)ṣ* : masc. *marṣu* ; fém. *maruṣtu* / *maruštu)*
$C_1aC_2C_3$- (lorsque $C_2 = C_3$: ex. *dann-* : masc. *dannu* ; fém. *dannatu)*

2.1. MARQUES DE GENRE ET DE NOMBRE

[04]

		marque du genre et du nombre masculin	 féminin	voyelle casuelle (+ mimation)	
radical $C_1aC_2iC_3$	sg.	*-Ø-*	*-(a)t-*	*u(m)* *a(m)* *i(m)*	(nom.) (acc.) (déterm.)
	pl.	*-ūt-*	*-āt-*	*u(m)* *i(m)*	(nom.) (obl.)

2.2. FORMES DE L'ADJECTIF ÉPITHÈTE

[05]

		masculin	féminin
sg.	nom.	*šarru(m) damqu(m)*[1]	*šarratu(m) damiqtu(m)*[2]
	acc.	*šarra(m) damqa(m)*	*šarrata(m) damiqta(m)*
	déter.	*šarri(m) damqi(m)*	*šarrati(m) damiqti(m)*
duel	nom.	*(šarrān damqān)*	
	obl.	*(šarrīn damqīn)*	
pl.	nom.	*šarrū damqūtu(m)* / *šarrānu damqūtu(m)*	*šarrātu(m) damqātu(m)*
	obl.	*šarrī damqūti(m)* / *šarrāni damqūti(m)*	*šarrāti(m) damqāti(m)*

1 Les adjectifs dont le radical se termine par un Ī (appartenant à la racine ou suffixe) présentent suivant les dialectes des formes non-contractées ou contractées (ex. *rabiu(m)* / *rabû(m)* ou *qabliu(m)* / *qablû(m)* ; *rabiūtu(m)* / *rabûtu(m)* ou *qabliūtu(m)* / *qablûtu(m)*, etc.).
2 Ces adjectifs présentent une longue *(ī)* devant le suffixe T du féminin : ex. *rabītu, qablītu.*

3. LES PRONOMS

3.1. PRONOMS-ADJECTIFS À MORPHOLOGIE ADJECTIVALE

a) La formation

[06]

radical	suffixe de dérivation	marque du genre		voyelle casuelle	nombre
		masculin	féminin		
démonstratifs *ann-* *ull-* *amm-*	*-ī-*	*-Ø-*	*-(a)t*[1]	*-u(m)* (nom.) *-a(m)* (acc.) *-i(m)* (déter.)	sg.
possessifs 1e pers. sg. : *j-* pl. : *n-* 2e pers. : *k-* 3e pers. : *š-*		*-ūt-*	*-āt*	*-u(m)* (nom.) *-i(m)* (obl.)	pl.
adj. interr. *ajj-*					

[1] La formation du pronom-adjectif possessif est anormale au féminin singulier : il se forme avec un redoublement du T de l'infixe : *jattu(m), kattu(m), šattu(m),* etc.

b) La déclinaison des pronoms-adjectifs démonstratifs

[07]

		masculin		féminin	
		non-contracté	contracté	non-contracté	contracté
sg.	nom.	*anniu(m)* *ulliu(m)* *ammiu*	*annû(m)* *ullû(m)* *ammû(m)*	*annītu(m)* *ullītu(m)* *ammītu(m)*	
	acc.	*annia(m)* *ullia(m)* *ammia(m)*	*annâ(m)* *ullâ(m)* *ammâ(m)*	*annīta(m)* *ullīta(m)* *ammīta(m)*	
	déter.	*annî(m)* *ullî(m)* *ammî(m)*		*annīti(m)* *ullīti(m)* *ammīti(m)*	
pl.	nom.	*anniūtu(m)* *ulliūtu(m)* *ammiūtu(m)*	*annûtu(m)* *ullûtu(m)* *ammûtu(m)*	*anniātu(m)* *ulliātu(m)* *ammiātu(m)*	*annâtu(m)* *ullâtu(m)* *ammâtu(m)*
	obl.	*anniūti(m) / annûti(m)* *ulliūti(m) / ullûti(m)* *ammiūti(m) / ammûti(m)*		*anniāti(m)* *ulliāti(m)* *ammiāti(m)*	*annâti(m)* *ullâti(m)* *ammâti(m)*

c) La déclinaison des pronoms-adjectifs possessifs

Possesseur singulier

[08]

		possesseur: masculin		possesseur: féminin		
		non-contracté	contracté	non-contracté	contracté	
sg.	nom.	*jiu(m)*	*jû(m)*	*jattu(m)*		1e p.
		kiu(m)	*kû(m)*	*kattu(m)*		2e p.
		šiu(m)	*šû(m)*	*šattu(m)*		3e p.
	acc.	*jia(m)*	*jâ(m)*	*jatta(m)*		1e p.
		kia(m)	*kâ(m)*	*katta(m)*		2e p.
		šia(m)	*šâ(m)*	*šatta(m)*		3e p.
	déter.	*jî(m)*		*jatti(m)*		1e p.
		kî(m)		*katti(m)*		2e p.
		šî(m)		*šatti(m)*		3e p.
pl.	nom.	*jiūtu(m)*	*jûtu(m)*	*jiātu(m)*	*jâtu(m)*	1e p.
		kiūtu(m)	*kûtu(m)*	*kiātu(m)*	*kâtu(m)*	2e p.
		šiūtu(m)	*šûtu(m)*	*šiātu(m)*	*šâtu(m)*	3e p.
	obl.	*jiūti(m)*	*jûti(m)*	*jiāti(m)*	*jâti(m)*	1e p.
		kiūti(m)	*kûti(m)*	*kiāti(m)*	*kâti(m)*	2e p.
		šiūti(m)	*šûti(m)*	*šiāti(m)*	*šâti(m)*	3e p.

Possesseur pluriel

[09]

		possesseur: masculin		possesseur: féminin		
		non-contracté	contracté	non-contracté	contracté	
sg.	nom.	*niu(m)*	*nû(m)*	*nattu(m)*		1e p.
	acc.	*nia(m)*	*nâ(m)*	*natta(m)*		
	déter.	*nî(m)*		*natti(m)*		
pl.	nom.	*niūtu(m)*	*nûtu(m)*	*niātu(m)*	*nâtu(m)*	
	obl.	*niūti(m)*	*nûti(m)*	*niāti(m)*	*nâti(m)*	

d) La déclinaison de l'adjectif interrogatif

[10]

		masculin		féminin	
		non-contracté	contracté	non-contracté	contracté
sg.	nom.	*ajjiu(m)*	*ajjû(m)*	*ajjītu(m)*	
	acc.	*ajjia(m)*	*ajjâ(m)*	*ajjīta(m)*	
	déter.	*ajjî(m)*		*ajjīti(m)*	
pl.	nom.	*ajjiūtu(m)*	*ajjûtu(m)*	*ajjiātu(m)*	*ajjâtu(m)*
	obl.	*ajjiūti(m)*	*ajjûti(m)*	*ajjiāti(m)*	*ajjâti(m)*

3.2. PRONOMS INTERROGATIFS ET INDÉFINIS

[11]

		animé	inanimé	
		interrogatif / indéfini	interrogatif	indéfini
sg.	nom.	*mannu(m)*	*mīnu(m)*	*mimma*
	acc.	*manna(m)*	*mīna(m)*	
	déter.	*manni(m)*	*mīni(m)*	

3.3. PRONOMS PERSONNELS

a) La structure

[12]

marque de la personne	marque du cas: nominatif	accusatif	datif	génitif
1e pers. sg. : *j-*	formation spécifique	-*t*-	-*š*-	-Ø-
pl. : *n-*				
2e pers. : *k-*				
3e pers. : *š-*				

marque du genre: masc.	fém.
sg.	
u / i / a[1]	*i / a*[1]
pl.	
u - u	*i - a*

[1] La nature de la voyelle dépend de la personne.

b) Les formes indépendantes et suffixales

[13]

		nominatif	accusatif	datif	génitif	
marque de cas:		-Ø	-*t*-	-*š*-	-Ø	marques personnelles
sg.	1e com.	*anāku*	*jâti*[1]	*jâši(m)*	*-ī / -(i)ja*[2]	*j-*
	2e masc.	*atta*	*kâta* *-ka*	*kâši(m)* *-ku(m)*	*-ka*	*k-*
	fém.	*atti*	*kâti* *-ki*	*kâši(m)* *-ki(m)*	*-ki*	
	3e masc.	*šû*	*šâta / i* *-šu*	*šâši(m)* *-šu(m)*	*-šu*	*š-*
	fém.	*šî*	*šâti* *-ši*	*šâši(m)* *-ši(m)*	*-ša*	
pl.	1e com.	*nīnu*	*nâti* *-nâti*	*nâši(m)* *-nâši(m)*	*-ni*	*n-*
	2e masc.	*attunu*	*kunūti* *-kunūti*	*kunūši(m)* *-kunūši(m)*	*-kunu*	*k-*
	fém.	*attina*	*kinâti* *-kinâti*	*kinâši(m)* *-kinâši(m)*	*-kina*	
	3e masc.	*šunu*	*šunūti* *-šunūti*	*šunūši(m)* *-šunūši(m)*	*-šunu*	*š-*
	fém.	*šina*	*šinâti* *-šinâti*	*šinâši(m)* *-šinâši(m)*	*-šina*	

[1] À côté des formes pronominales contractées, existent des formes non-contractées : par ex. *jiāti, jiāši(m), kuāta, šuāta*, etc.
[2] Les formes suffixes sont précédées d'un tiret.

Deuxième partie
Les verbes

1. La structure des verbes
2. Les verbes forts
3. Les verbes faibles

1. LA STRUCTURE DES VERBES

1.1. RACINE VERBALE

[14]

verbes forts	triconsonantique	$C_1C_2C_3$ ex. P R S	inf. *PaRāSu* "couper"
	quadrilitère	$C_1C_2C_3C_4$ ex. N B L T	inf. *naBaLKuTu* "renverser"
verbes faibles	I-faible	’ C_2C_3 ex. ’ K L	inf. *aKāLu* "manger"
	II-faible	C_1 ’ C_3 ex. Š ’ L	inf. *Ša’āLu / ŠâLu* "interroger"
	III-faible	C_1C_2 ’ ex. B N ’	inf. *BaNāu / BaNû* "créer"
	quadrilitère faible	$C_1C_2C_3$ ’ ex. n P R K ’	inf. *naPaRKû* "arrêter"

N.B. Dans ce tableau, le signe ’ note indistinctement toute faible radicale.

1.2. SYSTÈME VERBAL

[15]

voix			
I G Ø	II D C_2C_2	III Š élargissement *š*	IV N élargissement *n*
base	transitif / intensif	factitif	passif (inchoatif)

+

systèmes		
1 Ø	2 *-t(a)-*	3 *-ta(na)-*
base	"terminatif"	itératif

2. LES VERBES FORTS

2.1. VERBES TRICONSONANTIQUES

a) Les radicaux

Structure consonantique

[16]

voix et systèmes	structure consonantique	exemples = racine PRS	
		infinitif	inaccompli
I/1 (= G)	$-C_1C_2C_3-$	*PaRāS-u*	*i-PaR(R)aS*
II/1 (= D)	$-C_1C_2C_2C_3-$	*PuRRuS-u*	*u-PaRRaS*
III/1 (= Š)	$-šC_1C_2C_3-$	*šuPRuS-u*	*u-šaPRaS*
IV/1 (= N)	$-nC_1C_2C_3-$	*naPRuS-u*	**i-nPaR(R)aS*
			> *i-pPa(R)RaS*
I/2 (= Gt)	$-C_1tC_2C_3-$	*PitRuS-u*	*i-PtaR(R)aS*
II/2 (= Dt)	$-C_1tC_2C_2C_3-$	*PutaRRuS-u*	*u-PtaRRaS*
III/2 (= Št)	$-štC_1C_2C_3-$	*šutaPRuS-u*	*u-štaPRaS*
I/3 (= Gtn)	$-C_1t(n)C_2C_3-$	*PitarRuS-u*	*i-PtanaR(R)aS*
II/3 (= Dtn)	$-C_1t(n)C_2C_2C_3-$	*PutaRRuS-u*	*u-PtanaRRaS*
III/3 (= Štn) :	$-št(n)C_1C_2C_3-$	*šutaPRuS-u*	*u-štanaPRaS*
IV/3 (= Ntn)	$-nt(n)C_1C_2C_3-$	*nitaPRuS-u	*i-ntanaPRaS
	/ > $tt(n)C_1C_2C_3-$	> *itaPRuS-u*	> *i-ttanaPRaS*

N.B. Dans ces exemples, les consonnes de la racine sont notées en majuscules.

Voyelles caractéristiques des différentes flexions

[17]

		part. actif	adj. verbal	infinitif	permansif	inaccompli	parfait	accompli	impératif
I	1	*ā - i*	*a - (i)*	*a - ā*	*a - (i)*	a - v^1	a - v^1	v^2	v^2 (- v^2)
	2-3	*a - (i)*	*i - u*	*i - u*	*i - u*	a - v^1	a - v^1	a - v^1	i - v^1
II III	1-2-3	*a - i*	*u-u* (bab.) *a-u* (ass.)	*u-u* (bab.) *a-u* (ass.)	*u-u* (bab.) *a-u* (ass.)	*a - a*	*a - i*	*a - i*	*u-i* (bab.) *a-i* (ass.)
IV	1	*a -(i)*	*a - u*	*a - u*	*a - u*	a - v^1	a - v^1	*a - i*	*a - i*
	3							a - v^1	a - v^1

N.B. Sont entre parenthèses les voyelles susceptibles d'amuïssement en raison de leur environnement phonétique ; sont en italique les voyelles temporelles communes à toutes les catégories de verbes.

Pour les verbes à alternance vocalique, v^1 est la voyelle vocalisant la deuxième consonne radicale à l'inaccompli et au parfait voix I et voix IV (ex. *iparras, inaddan* : inaccompli I) et v^2 celle qui vocalise C_2 à l'accompli et à l'impératif voix I (ex. *iprus, iddin* : accompli I). Pour les autres verbes $v^1 = v^2$ (ex. *ipaqqid, ipqid*).

Voyelle catégorielle (v)

[18]

		part. actif	adj. verbal	infinitif	permansif	inaccompli	parfait	accompli	impératif
I	1					a - v^1	a - v^1	v^2	v^2 (-v^2)
	2-3					a - v^1	a - v^1	a - v^1	i - v^1
II	1-2-3								
III	1-2-3								
IV	1					a - v^1	a - v^1		
	3					a - v^1	a - v^1	a - v^1	a - v^1

N.B. v^1 et v^2 ne sont différentes que pour les verbes à alternance vocalique.

Voyelles temporelles

[19]

		part. actif	adj. verbal	infinitif	permansif	inaccompli	parfait	accompli	impératif
I	1	*ā - i*	*a - (i)*	*a - ā*	*a - (i)*				
	2-3	*a - (i)*	*i - u*	*i - u*	*i - u*				
II III	1-2-3	*a - i*	*u-u* (bab.) *a-u* (ass.)	*u-u* (bab.) *a-u* (ass.)	*u-u* (bab.) *a-u* (ass.)	*a - a*	*a - i*	*a - i*	*u-i* (bab.) *a-i* (ass.)
IV	1	*a -(i)*	*a - u*	*a - u*	*a - u*			*a - i*	*a - i*
	3								

Sont indiquées entre parenthèses les voyelles susceptibles d'amuissement (cf. §12.2.5).

b) Les paradigmes nominaux et pronominaux[1]

Radicaux

[20]

		formes nominales			forme pronominale
		participe actif	adjectif verbal	infinitif	permansif
I	1	[1]*pāris*	*paris*[2]	*parās*	*paris*[2]
	2	*muptaris*	*pitrus*[5]	*pitrus*[3]	*pitrus*
	3	*muptarris*	——	*pitarrus*	*pitarrus*
II	1	*muparris*	*purrus*[4]	*purrus*[4]	*purrus*[4]
	2				
	3	*muptarris*	*putarrus*	*putarrus*	*putarrus*
III	1	*mušapris*	*šuprus*[4]	*šuprus*[4]	*šuprus*[4]
	2				
	3	*muštapris*	*šutaprus*	*šutaprus*	*šutaprus*
IV	1	*mupparis*[2]	*naprus*	*naprus*	*naprus*
	3	*muttapris*	——	*itaprus*	*itaprus*

1 Ce tableau présente la forme du radical de chaque paradigme, qui est la forme des états construit et absolu pour les formes nominales et celle de la 3e p. masc. sg. pour le permansif.
2 Radical susceptible d'évolution phonétique : paris-u > *parsu*, mupparis-u > *mupparsu*, paris-āku > *parsāku*, etc.
3 L'assyrien présente une forme spécifique : *pitars-*.
4 Vocalisme assyrien : *a-u* (II : *parrus-* ; III : *šaprus-*).
5 Dans les racines où C_1 = Z / S / Ṣ / D, les formes à infixe -t- sans préfixe présentent une métathèse consonantique : ex. *ṣitbutu > tiṣbutu.

---

1 Les tableaux sont théoriques : aucun verbe akkadien ne présente l'ensemble des formes théoriquement possibles par combinaison des différents éléments morphologiques. PRS est pris comme racine-type ; P représente C_1, R = C_2, S = C_3.

Le verbe

Formation

[21]

+ suffixes de genre et de nombre : *-(a)t- / -ūt- / -āt-*

état construit ou prédicatif | ou état décliné (+ voyelles casuelles) sg. *-u(m) / -a(m) / -i(m)* pl. *-u(m) / -i(m)*

		part. act.	adj. vbal	infinitif	permansif
I	1	*pāris-*	*paris-*	*parās-*	*paris(-)*
	2	*muptars-*	*pitrus-*	*pitrus-*	*pitrus(-)*
	3	*muptarris-*	______	*pitarrus-*	*pitarrus(-)*
II	1	*muparris-*	*purrus-*	*purrus-*	*purrus(-)*
	2-3	*muptarris-*	*putarrus-*	*putarrus-*	*putarrus(-)*
III	1	*mušapris-*	*šuprus-*	*šuprus-*	*šuprus(-)*
	2-3	*muštapris-*	*šutaprus-*	*šutaprus-*	*šutaprus(-)*
IV	1	*mupparis-*	*naprus-*	*naprus-*	*naprus(-)*
	3	*muttapris-*	*itaprus-*	*itaprus(-)*	
			même radical (sauf inf. I/1)		

\+

- *āku*	1e	sg.
- *āta*	2e m.	
- *āti*	f.	
- *Ø*	3e m.	
- *at*	f.	
- *nu*[1]	1e	pl.
- *ātunu*	2e m.	
- *ātina*	f.	
- *ū*	3e m.	
- *ā*	f.	

[1]assyrien *-ni*

Exemples de déclinaisons de paradigmes nominaux

Participe actif I/1 : *pārisu* "coupeur"

[22]

		masculin	féminin
sg.	nom.	*pārisu(m)*	*pāristu(m)*
	acc.	*pārisa(m)*	*pārista(m)*
	déter.	*pārisi(m)*	*pāristi(m)*
pl.	nom	*pārisūtu(m)*	*pārisātu(m)*
	obl.	*pārisūti(m)*	*pārisāti(m)*

Adjectif verbal III/1 : *šuprusu* "très coupé" (intensif)

[23]

		masculin	féminin
sg.	nom.	*šuprusu(m)*	*šuprustu(m)*
	acc.	*šuprusa(m)*	*šuprusta(m)*
	déter.	*šuprusi(m)*	*šuprusti(m)*
pl.	nom	*šuprusūtu(m)*	*šuprusātu(m)*
	obl.	*šuprusūti(m)*	*šuprusāti(m)*

Exemples de conjugaisons de paradigmes pronominaux: permansif I/1 et III/1

[24]

		I/1	III/1
sg.	1e com.	*parsāku*	*šuprusāku*
	2e masc.	*parsāta*	*šuprusāta*
	fém.	*parsāti*	*šuprusāti*
	3e masc.	*parsat*	*šuprusat*
	fém.	*paris*	*šuprus*
pl.	1e com.	*parsānu*	*šuprusānu*
	2e masc.	*parsātunu*	*šuprusātunu*
	fém.	*parsātina*	*šuprusātina*
	3e masc.	*parsū*	*šuprusū*
	fém.	*parsā*	*šuprusā*

c) Les paradigmes verbaux conjugués

Radicaux et formation

[25]

préfixes personnels	RADICAL	suffixes personnels

sg.	1e c.	*a-*
	2e m.	*ta-*
	f.	*ta-*
	3e m.	*i-*
	f.	*ta-*
pl.	1e c.	*ni-*
	2e m.	*ta-*
	f.	*ta-*
	3e m.	*i-*
	f.	*i-*

		inaccompli	parfait	accompli	impératif*
I	1	*-par(r)as(-)*	*-ptaras(-)*	*-prus(-)*	*purus(-)*
	2	*-ptar(r)as(-)*	*-ptatras(-)*	*-ptaras(-)*	*pitras(-)*
	3	*-ptanar(r)as(-)*	*-ptatar(r)as(-)*	*-ptarras(-)*	*pitarras(-)*
II	1	*-parras(-)*	*-ptarris(-)*	*-parris(-)*	*purris(-)*
	2	*-ptarras(-)*	*-ptatarris(-)*	*-ptarris(-)*	*putarris(-)*
	3	*-ptanarras(-)*			
III	1	*-šapras(-)*	*-štapris(-)*	*-šapris(-)*	*šupris(-)*
	2	*-štapras(-)*	*-štatapris(-)*	*-štapris(-)*	*šutapris(-)*
	3	*-štanapras(-)*			
IV	1	*-ppar(r)as(-)*	*-ttapras(-)*	*-pparis(-)*	*napris(-)*
	3	*-ttanapras(-)*	*-ttatapras(-)*	*-ttapras(-)*	*itapras(-)*

sg.	1e c.	*u-*
	2e m.	*tu-*
	f.	*tu-*
	3e m.	*u-*
	f.	*tu-*
pl.	1e c.	*nu-*
	2e m.	*tu-*
	f.	*tu-*
	3e m.	*u-*
	f.	*u-*

- ø	1e c.	sg.
- ø	2e m	
- *ī*	f.	
- ø	3e m	
- ø	f.	
- ø	1e c.	pl.
- *ū*	2e m.	
- *ā*	f.	
- *ū*	3e m.	
- *ā*	f.	

sg.	1e c.	*a-*
	2e m.	*ta-*
	f.	*ta-*
	3e m.	*i-*
	f.	*ta-*
pl.	1e c.	*ni-*
	2e m.	*ta-*
	f.	*ta-*
	3e m.	*i-*
	f.	*i-*

* L'impératif ne comporte que le suffixe personnel de 2e pers.

*Formes verbales conjuguées**

[26]

			3e personne masculin singulier			2e masc. sg.
		catégorie verbale	inaccompli	parfait	accompli	impératif
I	1	a/u	*ipar(r)as*[1]	*iptaras*[2]	*iprus*	*purus*[2]
		a	*iṣab(b)at*[1]	*iṣṣabat*[2]	*iṣbat*[1]	*ṣabat*[2 et 4]
		i	*ipaq(q)id*	*iptaqid*[2]	*ipqid*	*piqid*[2]
		u	*irap(p)ud*	*irtapud*[2]	*irpud*	*rupud*[2]
	2	a	*iptar(r)as*[1]	*iptatras*[1]	*iptaras*[2]	*pitras*[1]
		a	*iṣṣab(b)at*[1]	*iṣṣatbat*[1]	*iṣṣabat*[2]	*tiṣbat*
		i	*iptaq(q)id*	*iptatqid*	*iptaqid*[2]	*pitqid*
		u	*irtap(p)ud*	*irtatpud*	*irtapud*[2]	*ritpud*
	3	a	*iptanar(r)as*[1]	*iptatarras*[1]	*iptarras*[1]	*pitarras*[1]
		a	*iṣṣanab(b)at*[1]	*iṣṣatabbat*[1]	*iṣṣabbat*[1]	*tiṣabbat*[1]
		i	*iptanaq(q)id*	*iptataqqid*	*iptaqqid*	*pitaqqid*
		u	*irtanap(p)ud*	*irtatappud*	*irtappud*	*ritappud*
II	1	sans catégorie verbale	*uparras*[1]	*uptarris*	*uparris*	*purris*[3]
	2		*uptarras*[1]	*uptatarris*	*uptarris*	*putarris*
	3		*uptanarras*[1]			
III	1		*ušapras*[1]	*uštapris*	*ušapris*	*šupris*[3]
	2		*uštapras*[1]	*uštatapris*	*uštapris*	*šutapris*
	3		*uštanapras*[1]			
IV	1	a/u	*ippar(r)as*[1]	*ittapras*[1]	*ipparis*[2]	*napris*
		a	*iṣṣab(b)at*[1]	*ittaṣbat*[1]	*iṣṣabit*[2]	*naṣbit*
		i	*ippaq(q)id*	*ittapqid*	*ippaqid*[2]	*napqid*
		u	*irrap(p)ud*	———	*irrapid*[2]	———
	3	a	*ittanapras*[1]	*ittatapras*[1]	*ittapras*	*itapras*
		i	*ittanapqid*	*ittatapqid*	*ittapqid*	*itapqid*

1 Formes susceptibles d'harmonie régressive en assyrien : ex. *ipar(r)usū, iptiqid, irtupud.*
2 Radical susceptible d'une évolution phonétique avec amuïssement de la voyelle vocalisant C_2 : ex. purus-ī > *pursi.*
3 Vocalisme assyrien : *a- i* (II : *parris* ; III : *šapris*).
4 Quelques formations $C_1iC_2aC_3$: ex. *limad*. Les verbes *primae nun* forment leur impératif sur un radical biconsonantique (sans N) : ex. *idin* (bab.) / *din* (ass.).

* Pour les conjugaisons, cf. troisième partie.

2.2. VERBES QUADRILITÈRES

a) Les verbes en N : nabalkutu (n + BLKT) "franchir, renverser" (IV : forme de base)

Radicaux des formes nominales et pronominales

[27]

		participe actif	adjectif verbal	infinitif	permansif
en N	1	[1]*mubbalkit-*	*nabalkut-*[2]	*nabalkut-*	*nabalkut(-)*
	3	*muttablakkit*	———	*itablakkut-*	———
III	1	*mušbalkit-*	*šubalkut-*	*šubalkut-*	*šubalkut(-)*
	2	———	———	*šutabalkut-*	———
	3	———	———	*šutablakkut-*	———

[1] Les voyelles qui vocalisent le radical du verbe triconsonantique sont ici soulignées.
[2] aB *nablakutum.*

Formes verbales conjuguées : 3e / 2e masc. sg.

[28]

		3e personne masculin singulier			2e pers. sg.
		inaccompli	parfait	accompli	impératif
en N	1	*ibbalakkat*	*ittabalkat*	*ibbalkit*	*nabalkit*
	3	*ittanablakkat*	*ittatablakkat*	*ittabalakkat*	———
III	1	*ušbalakkat*	*uštabalkit*	*ušbalkit*	*šubalkit*
	2	———	———	———	———
	3	*uštanablakkat*	———	*uštablakkit*	———

b) Les verbes en Š : šuqammumu (š + Q MM M) "être silencieux" (III/II : forme de base : "faux quadrilitères")

Radicaux des formes nominales et pronominales

[29]

		nominatif masculin singulier			3ᵉ sg.
		participe actif	adjectif verbal	infinitif	permansif
III/ II	1	*mušq̲ammi̲m-*	*šu̲qammu̲m-*	*šu̲qammu̲m-*	*šu̲qammu̲m*
	2 - 3	———			

Formes verbales conjuguées : 3ᵉ / 2ᵉ masc. sg.

[30]

		3ᵉ personne masculin singulier			2ᵉ masc. sg.
		inaccompli	parfait	accompli	impératif
III / II	1	*ušq̲ammma̲m*	———	*ušq̲ammi̲m*	*šu̲qammi̲m*
	2	*uštq̲aqma̲m*	*uštq̲ataqmi̲m*	*uštq̲aqmi̲m*	———
	3	*uštq̲anaqma̲m*	———	———	———

3. LES VERBES FAIBLES*

3.1. TYPES DE VERBES

a) Les différents groupes suivant la place et la nature de la faible

[31]

<table>
<tr><td rowspan="2">faible</td><td colspan="2">laryngales
'1-'5</td><td colspan="2">semi-voyelles / semi-consonnes</td><td></td></tr>
<tr><td></td><td></td><td>J = '7</td><td>W = '6</td><td></td></tr>
<tr><td></td><td colspan="4">ALEPHS CONSONANTIQUES</td><td></td></tr>
<tr><td>C_1</td><td>’ K L
akālu
“manger”</td><td>” Z B
ezēbu
“excepter”</td><td>J Ṣ R
eṣēru
“graver”</td><td>W S M
(w)asāmu
“convenir”
ᵂ Š B
(w)ašābu
“habiter”</td><td></td></tr>
<tr><td>C_2</td><td>Š ’ L
ša’ālu / šâlu
“interroger”</td><td>B ” L
be”ēlu / bêlu
“gouverner”</td><td>Q Ī Š
qiāšu / qâšu
“offrir”</td><td>K Ū N
kuānu / kânu
“être sûr”</td><td>V_2</td></tr>
<tr><td></td><td>K L Ā
kalû
“tenir”</td><td>Š M Ē
šemû
“écouter”</td><td>B N Ī
banû
“créer”</td><td>M N Ū
manû
“compter”</td><td>V_3</td></tr>
<tr><td></td><td colspan="4">ALEPHS “VOCALIQUES”</td><td>faible</td></tr>
</table>

b) Des exemples de formes I-faible, II-faible et III-faible

[32]

		racine	infinitif	accompli (3e masc. sg.)
I-faible	C_1 = ’	’KL	*akālu*	*īkul*
	= ”	”ZB	*ezēbu*	*īzib*
	= W	WSM	*(w)asāmu(m)*	*īsim*
	= ᵂ	ᵂŠB	*(w)ašābu(m)*	*ūšib*
II-faible	C_2 = ’	Š’L	*ša’ālu / šâlu*	*išāl*
	= ”	B”L	*be”ēlu / bêlu*	*ibēl*
	V_2 = Ī	QĪŠ	*qiāšu / qâšu*	*iqīš*
	= Ū	KŪN	*kuānu / kânu*	*ikūn*
III-faible	verbe en *i*	BNĪ	*banau*[1] */ banû*	*ibni*
	verbe en *e*	ŠMĒ	*šemeu / šemû*	*išme*
	verbe en *a*	KLĀ	*kalau / kalû*	*ikla*
	verbe en *u*	MNŪ	*manau / manû*	*imnu*

[1] Abrègement d’une voyelle prévocalique : banā-u > *banau*.

* Comme pour le verbe fort, les tableaux des verbes faibles sont théoriques : toutes les formes ne sont pas réalisées (par ex. *akālu* ne présente pas de formes à la voix II).

3.2. VERBES I-FAIBLE

a) L’évolution de la coloration de la voyelle au contact de l’aleph

Timbre de la voyelle

[33]

<table>
<tr><th>+</th><th>’
“non-colorant”</th><th>”
“colorant”</th><th>W</th><th>W augment
“très colorant”</th></tr>
<tr><td>a</td><td>> a</td><td>> e</td><td colspan="2">à l’initiale le waw tombe sans coloration
(en babylonien[1])</td></tr>
<tr><td>i</td><td colspan="3">> i (bab.)
> e (ass.)[2]</td><td rowspan="2">> u</td></tr>
<tr><td>u</td><td colspan="3"></td></tr>
</table>

1 Assyrien : *wa-* > *u-* (ex. *wašābum* > *ušābu*).
2 Sauf pour les verbes I-*jod* : *ij-* > *i* (i-jšir > *īšir*).

N.B. Ce tableau ne prend pas en compte le possible allongement compensatoire.

Exemple : l’inaccompli I/1 et II/1

[34]

+	aleph non colorant	aleph colorant	*waw* augment très colorant
	’HZ *ahāzu* “saisir”	”ZB *ezēbu* “excepter”	^{w}BL *(w)abālu* “apporter”
	inaccompli I/1		
a	a’ahhaz > *ahhaz*	a”azzib > *ezzib*	*awabbal* > *ubbal*
i	i’ahhaz > *ihhaz* (bab.) *ehhaz* (ass.)	i”azzib > *izzib* (bab.) *ezzib* (ass.)	*iwabbal* > *ubbal*
	inaccompli II		
u	u’ahhaz > *uhhaz*	u’azzab > *uzzab*	*uwabbal* > *ubbal*

Cf. conjugaison de l’inaccompli I/1 p. 60.

b) Les verbes à aleph non-colorant ("verbe en a") : *ex. akālu ('KL, a/u)* "manger"

Radicaux des formes nominales et pronominales

[35]

		formes nominales			forme pronominale
		participe actif	adjectif verbal	infinitif	permansif
I	1	*ākil-*	*akil-*[1]	*akāl-*	*akil(-)*[1]
I	2	*mūtakil-*[1]	*atkul-*	*atkul-*[2]	*atkul(-)*
I	3	*mūtakkil-*[1]	*atakkul-*	*atakkul-*	*atakkul(-)*
II	1	*mukkil-*	*ukkul-*[3]	*ukkul-*[3]	*ukkul(-)*[3]
II	2 3	*mūtakkil-*	*utakkul-*	*utakkul-*	*utakkul(-)*
III	1	*mušākil-*	*šūkul-*[3]	*šūkul-*[3]	*šūkul(-)*[3]
III	2	*muštākil-*	*šutākul-*	*šutākul-*	*šutākul(-)*
III	3	*muštakkil-*	*šutakkul-*	*šutakkul-*	*šutakkul(-)*
IV	1	*munnakil-*[1]	*nankul-*[4]	*nankul-*[4]	*nankul(-)*[4]
IV	3	———	———	*ita'kul-*[5]	*ita'kul(-)*[5]

[1] Radical susceptible d'évolution phonétique avec perte de la voyelle vocalisant C_2 : akil-u > *aklu*.
[2] Assyrien : *atakul-* ; atakulu > *ataklu*.
[3] Vocalisme assyrien *a -u* : ex. *akkul-* (II), *šākul-* (III).
[4] Formation phonétique de l'assyrien : *nākul-*.
[5] Formes fortes seules attestées.

Cf. conjugaison du participe actif p. 48, de l'adjectif verbal p. 51, de l'infinitif p. 54, du permansif p. 57.

Formes verbales conjuguées

[36]

		3e personne masculin singulier			2e masc. sg.
		inaccompli	parfait	accompli	impératif
I	1	[1]*ikkal*	*ītakal*	*īkul*	*akul*[3]
	2	*ītakkal*	*ītatkal*	*ītakal*	*atkal*
	3	*ītanakkal*	*ītatakkal*	*ītakkal*	*atakkal*
II	1	*ukkal*	*ūtakkil*	*ukkil*	*ukkil*[2]
	2	*ūtakkal*	*ūtatakkil*	*ūtakkil*	*utakkil*
	3	*ūtanakkal*			
III	1	*ušakkal*	*uštākil*	*ušākil*	*šūkil*[2]
	2	*uštakkal*	*uštatākil*	*uštākil*	*šutākil*
	3	*uštanakkal*	*uštatakkil*	*uštakkil*	*šutakkil*
IV	1	*innakkal*	*ittankal*	*innakil*[3]	*nankil*
	3	*ittanakkal*	———	———	———

[1] En assyrien :
- dans l'ensemble des paradigmes, ouverture du préfixe personnel *i* > *e* (ex. *i'akkal > *ekkal*) ;
- *a* vocalisant C_2 est susceptible d'harmonie vocalique régressive (ex. *ekk<u>a</u>lū* > *ekkulū* ; *ukk<u>a</u>lī* > *ukkilī*, etc.).

[2] Vocalisme assyrien *a-i* : ex. *akkil* (II), *šākil* (III).

[3] Radical susceptible d'évolution phonétique avec perte de la voyelle vocalisant C_2 : ex. akul-ī > *aklī*.

Pour les conjugaisons, cf. p. 60 (inaccompli), p. 66 (parfait), 71 (accompli) et 76 (impératif).

Le verbe

***c) Les verbes à aleph colorant* (“*verbe en e*”) :** *ex. ezēbu* (’ZB, *i/i*) “excepter”

Les verbes I-*waw* d’état (W originel) ont la même formation que les verbes à aleph colorant, à l’exception des formes où le *waw* est à l’initiale (adj. vbal : *wasim-* > *asim-* ; inf. : *wasām-* > *asām-* ; perm. *wasim* > *asim*) où le W chute sans entraîner de coloration de la voyelle adjacente (sauf en assyrien où *wa* > u : ex. infinitif *usām-*).

Les verbes I-*jod* ont également la même évolution phonétique, sauf au permansif qui présente un *i* initial: ex. *išar*.

Radicaux des formes nominales et pronominales

[37]

		formes nominales			forme pronominale
		participe actif	adjectif verbal	infinitif	permansif
I	1	*ēzib-*	*ezib-*[1]	[2]*ezēb-*	*ezib(-)*[1]
I	2	*mūtezib-*[1]	*etzub-*	*etzub-*	*etzub(-)*
I	3	*mūtezzib-*	*etezzub-*	*etezzub-*	*etezzub(-)*
II	1	*muzzib-*	*uzzub-*[3]	*uzzub-*[3]	*uzzub(-)*[3]
II	2-3	*mūtezzib-*	*utezzub-*	*utezzub-*	*utezzub(-)*
	1	*mušēzib-*	*šūzub-*[3]	*šūzub-*[3]	*šūzub(-)*[3]
III	2	*muštēzib-*	*šutēzub-*	*šutēzub-*	*šutēzub(-)*
III	3	*muštezzib-*	*šutezzub-*	*šutezzub-*	*šutezzub(-)*
IV	1	*munnezib-*[1]	*nenzub-*[4]	*nenzub-*[4]	*nenzub(-)*[4]
IV	3		———		

[1] Radical susceptible d’évolution phonétique avec perte de la voyelle vocalisant C_2 : ex. ezib-u > *ezbu*.
[2] En assyrien, dans l’ensemble des paradigmes, pas d’assimilation progressive : ex. *ezāb-*, *mūtazzib*, *etazzub*, etc.
[3] Vocalisme assyrien *a -u*: ex. *ezzub* (< ”azzub : II), *šēzub* (< ša”zub : III).
[4] Formation phonétique de l’assyrien : *nēzub*(-).

Cf. p. 47 (part. act.), p. 57 (permansif).

Formes verbales conjuguées

[38]

		3e personne masculin singulier			2e masc. sg.
		inaccompli	parfait	accompli	impératif
I	1	[1]*izzib*	*ītezib*[2]	*īzib*	*ezib*[2]
	2	*ītezzib*	*ītetzib*	*ītezib*[2]	*etzib*
	3	*ītenezzib*	*ītetezzib*	*ītezzib*	*etezzib*
II	1	*uzzeb*	*ūtezzib*	*uzzib*	*uzzib*[3]
	2	*ūtezzeb*	*ūtetezzib*	*ūtezzib*	*utezzib*
	3	*ūtenezzeb*			
III	1	*ušezzeb*	*uštēzib*	*ušēzib*	*šūzib*[3]
	2	*uštezzeb*	*uštetēzib*	*uštēzib*	*šutēzib*
	3	*uštenezzeb*	*uštetezzib*	*uštezzib*	*šutezzib*
IV	1	*innezzib*	*ittenzib*[4]	*innezib*[2]	*nenzib*[4]
	3	*ittenezzib*	______	*ittenzib / ittezzib*	______

1 En assyrien dans tous les paradigmes :
– ouverture du préfixe personnel *i* > *e* (ex. *i"azzib > *ezzib* ; *i"zib > *ēzib)* ;
– absence d'assimilation progressive (ex. *ētazib, uzzab*, etc.).

2 Radical susceptible d'évolution phonétique avec perte de la voyelle vocalisant C_2 : ex. ītezib-ū > *ītezbū*.

3 Vocalisme assyrien : *a* - *i* : *ezzib* (< "azzib : II), *šēzib* (< ša"zib : III).

4 Assyrien, forme phonétique : *ittēzib* (parf.) ; *nēzib* (impér.).

Cf. conjugaisons : p. 60 (inaccompli), p. 66 (parfait), p. 71 (accompli) et p. 76 (impératif).

d) Les verbes à waw augment (“verbe en u”) : *ex. ašābu* (*^{w}ŠB, a/i*) “habiter”

Radicaux des formes nominales et pronominales

[39]

		formes nominales			forme pronominale
		participe actif	adjectif verbal	infinitif	permansif
I	1	[1]*āšib-*	*ašib-*[2 et 3]	*ašāb-*	*ašib(-)*[2 et 3]
	2	*muttašib-*[2]	*itšub-*	*itšub-*	*itšub(-)*
	3	*muttaššib-*	*itaššub-*	*itaššub-*	*itaššub(-)*
II	1	*muššib-*	*uššub-*[4]	*uššub-*[4]	*uššub(-)*[4]
	2 } 3	*mūtaššib-*	*utaššub-*	*utaššub-*	2: *utaššub(-)*; 3: ———
III	1	*mušāšib-*[5]	*šūšub-*[4]	*šūšub-*[4]	*šūšub(-)*[4]
	2	*muštāšib-*[5]	*šutāšub-*	*šutāšub-*	*šutāšub(-)*
	3	*muštaššib-*	*šutaššub-*	*šutaššub-*	*šutaššub(-)*
IV		———[6]			

1 Le *waw* initial est une consonne forte en aAkk, aB et aA : ex. *wāšib-* (part. act.), *wašāb-* (inf.), etc.
2 Forme susceptible d'évolution phonétique : ex. ašib-u > *ašbu.*
3 En assyrien, dans l'ensemble des paradigmes : *wa* > *u* (ex. *wašāb-* > *ušāb-*).
4 Vocalisme assyrien *a -u* (ex. *eššub-* II; *šēšub-* III).
5 Autre évolution phonétique possible à la voix III : *aw* > *ē* (ex. *muštēridu*) ou > *ū* (ex. *muštūšibu*).
6 Part. act. *muwwalidu* ; inf. *na'ludu* attestés.

Cf. p. 47 (part-act.), p. 51 (adj. vbal), p. 54 (infinitif), p. 57 (permansif).

Formes verbales conjuguées

[40]

<table>
<tr><th></th><th></th><th colspan="3">3e personne masculin singulier</th><th>2e masc. sg.</th></tr>
<tr><th></th><th></th><th>inaccompli</th><th>parfait</th><th>accompli</th><th>impératif</th></tr>
<tr><td rowspan="3">I</td><td>1</td><td>[1]*uššab*</td><td>*ittašab*[2 et 6]</td><td>*ūšib*</td><td>*šib*</td></tr>
<tr><td>2</td><td>*ittaššab*</td><td>*ittatšab*</td><td>*ittašab*[2]</td><td>*tašab*[6]</td></tr>
<tr><td>3</td><td>*ittanaššab*</td><td>*ittataššab*</td><td>*ittaššab*</td><td>*itaššab*</td></tr>
<tr><td rowspan="3">II</td><td>1</td><td>*uššab*</td><td>*ūtaššib*</td><td>*uššib*</td><td>*uššib*[3]</td></tr>
<tr><td>2</td><td>*ūtaššab*</td><td rowspan="2">*ūtataššib*</td><td rowspan="2">*ūtaššib*</td><td rowspan="2">*utaššib*</td></tr>
<tr><td>3</td><td>*ūtanaššab*</td></tr>
<tr><td rowspan="3">III</td><td>1</td><td>*ušaššab*</td><td>*uštāšib*</td><td>*ušāšib*</td><td>*šūšib*[3]</td></tr>
<tr><td>2</td><td>*uštaššab*</td><td>*uštatāšib*</td><td>*uštāšib*</td><td>*šutāšib*</td></tr>
<tr><td>3</td><td>*uštanaššab*</td><td>*uštataššib*</td><td>*uštaššib*</td><td>*šutaššib*</td></tr>
<tr><td rowspan="2">IV</td><td>1</td><td>*iwwaššab*[7]</td><td>______</td><td>*iwwašib*[7]</td><td>______</td></tr>
<tr><td>3</td><td colspan="4">______[4]</td></tr>
</table>

1 En assyrien, dans l'ensemble des paradigmes, possible assimilation régressive touchant le *a* vocalisant C_2 : ex. ušš<u>a</u>b-ū > *uššubū*.
2 Autre formation : *itšab* (non vocalisation de l'infixe).
3 Vocalisme assyrien *a -u* : *waššib* > *uššib* II; *šāšib* III.
4 Exception : *ittenerred.*
5 Autre formation : *tišab.*
6 Radical susceptible d'évolution phonétique : ex. ittašub-ū > *ittašbū.*
7 ww > '' (dans certaines racines > bb).

Cf. conjugaisons : p. 60 (inaccompli), p. 66 (parfait), p. 71 (accompli) et p. 76 (impératif).

3.3. VERBES II-FAIBLES

a) Les verbes à aleph non-colorant : *ex. šâlu* (*Š'L*) "interroger"

Radicaux des formes nominales et pronominales

[41]

		formes nominales			forme pronominale
		participe actif	adjectif verbal	infinitif	permansif
I	1	*šā'il-*	*šāl-*	*šâl-*	*ša'il(-)*[1]
I	2	*muštāl-*	*šitūl-*	*šitūl-*	*šitūl(-)*
I	3	*mušta'il-*	*šita'ul-*	*šita'ul-*	*šita'ul(-)*
II	1	*muša''il-*	*šûl-*[2]	*šûl-*[2]	*šûl(-)*[2]
II	2-3	———			
III		———			
IV		———[3]			

[1] Des formations du type *mād ; bīš*.
[2] Vocalisme assyrien a-u : *ša''ul-*.
[3] Part. act. IV (*muššālu*) attesté.

Cf. déclinaisons : p. 48 (part. act.), p. 51 (adj. vbal.), p. 54 (infinitif), conjugaison du permansif p. 57.

Formes verbales conjuguées

[42]

		3ᵉ personne masculin singulier			2ᵉ masc. sg.
		inaccompli	parfait	accompli	impératif
I	1	*išâl*[1]	*ištāl*	*išāl*	*šāl / ša'al*
I	2	*ištâl*[1]	*ištatāl*	*ištāl*	*šitāl*
I	3	*ištanâl*[2]	*ištata''al*[3]	*išta''al*[3]	*šita''al*[3]
II	1	*ušâl*[1]	*ušta''il*	*uša''il*	*šu''il*[4]
II	2 et 3	———			
III	1	*uššâl*	*uštašīl*	*uššīl*	*šušīl*
III	2 et 3	———			
IV	1	*iššâl*[1]	———	*iššāl*	———
IV	3	———			

[1] Redoublement de C_3 aux formes à suffixe vocalique : ex. inacc. I/1 pl. *išallū*, inacc. I/2 pl. *ištallū*, inacc. II/1 pl. *ušallū*, inacc. IV/1 pl. *iššallū*.
[2] Forme forme attestée : *ištana'al*.
[3] La voyelle *a* finale du radical est susceptible d'harmonie vocalique : ex. *ištana''u̲lū*.
[4] Vocalisme assyrien *a - i* : *ša''il*.

Cf. conjugaisons : p. 61 (inaccompli), p. 67 (parfait), p. 72 (accompli) et p. 77 (impératif).

b) Verbes à aleph colorant : *ex. bêlu (B''L)* "être maître (de)"

Radicaux des formes nominales et pronominales

[43]

		formes nominales			forme pronominale
		participe actif	adjectif verbal	infinitif	permansif
I	1	*bē'il-*	*bēl-*	*bêl-*[1]	*bēl(-)*[1]
	2-3	______[2]			
II	1	*mubêl-*[3]	*bûl-*[4]	*bûl-*[3 et 4]	*bûl(-)*[4]
	2-3	______			
III	1	*mušbêl-*[3]	______	*šubûl-*	
	2-3	______			
IV		______[5]			

1 Assyrien : *be''āl-*.
2 En assyrien, attestation de I/2 : *ibte''al* (inacc.).
3 Redoublement de C_3 dans les formes à suffixe vocalique : *mubellu* (part. act. II/1), *mušbellu* (part. act. III/1).
4 Assyrien : *be''ul-*.
5 Rares attestations du participe actif : *mubbēlu*.

Cf. p. 47 (part-act.), p. 50 (adj. vbal), p. 53 (infinitif), p. 57 (permansif).

Formes verbales conjuguées

[44]

		3e personne masculin singulier			2e masc. sg.
		inaccompli	parfait	accompli	impératif
I	1	[1]*ibêl*[2]	*ibtēl*	*ibēl*	*bēl*
	2- 3	______			
II	1	*ubêl*[2]	*ubtēl*	*ubēl*	______
	2- 3	______			
III	1	*ušbêl*	______	*ušbēl*	*(šube''il)*
	2- 3	______			
IV	1	*ibbêl*	______[3]	*ibbēl*	______
	3	______			

1 L'assyrien présente souvent des formes fortes : ex. *ibe''al* (inacc. I/1), *ibte'al* (pft I/1), *ib'el* (accom. I/1), *ube''al* (inacc. II/1).
2 C_3 redoublée dans formes à suffixe vocalique : pl. *ibellū* (inacc. I/1), pl. *ubellū* (inacc. II/1).
3 Forme aB : *ittab''il*.

Cf. conjugaisons : p. 61 (inaccompli), p. 67 (parfait), p. 72 (accompli) et p. 77 (impératif).

c) La vocalisation des radicaux creux

[45]

<table>
<tr><th></th><th>participe actif</th><th>adjectif verbal</th><th>infinitif</th><th>permansif</th></tr>
<tr><td>I</td><td>*ī*</td><td>*ī*</td><td>V*ā*</td><td>*ī*</td></tr>
<tr><td>II
III</td><td>*ī*</td><td colspan="3">*u* (bab.)
ass. : formes fortes</td></tr>
<tr><td>IV</td><td colspan="4">———</td></tr>
</table>

<table>
<tr><th></th><th>inaccompli</th><th>parfait</th><th>accompli</th><th>impératif</th></tr>
<tr><td>I</td><td>sans sfx : V *a*
avec sfx : V</td><td>- bab. : V
- ass. :
sans sfx : V *a*
avec sfx : V</td><td>V</td><td>V</td></tr>
<tr><td>II
III</td><td>sans sfx : V *a*
avec sfx : *a*</td><td colspan="3">- bab. : *ī*
- ass. : formes fortes</td></tr>
<tr><td>IV</td><td>sans sfx : V *a*
avec sfx :
vb Ī : V
vb Ū : *V* ou *a*</td><td colspan="3">———</td></tr>
</table>

N.B. V = voyelle radicale (Ī ou Ū).

d) Verbes "*creux*" *en Ī :* *ex. qâšu* (*QĪŠ*) "offrir"

Radicaux des formes nominales et pronominales

[46]

		formes nominales			forme pronominale
		participe actif	adjectif verbal	infinitif	permansif
I	1	*qā'iš- /* [1]*muqīš-*[2]	*qīš-*[1]	*qâš- / qiāš-*	*qīš(-)*[1]
	2	———	———	*qitūš-*	*qitūš(-)*
	3	———	———	*qita''uš- / qitajjuš-*	———
II		*muqīš-*[2]	———		
III	1	*mušqīš-*[2]	———		
	2	*muštaqīš-*		———	*šutaqūš(-)*
IV		———			

[1] Radical assyrien en *e* : ex. *muqēš-, qēš-*.
[2] Possible redoublement de C$_3$ devant suffixe vocalique : ex. *muqīšu/muqiššu*.

Formes verbales conjuguées

[47]

		3e personne masculin singulier			2e masc. sg.
		inaccompli	parfait	accompli	impératif
I	1	*iqīāš / iqâš*[1]	*iqtīš*[2]	*iqīš*	*qīš*
	2	*iqtiaš / iqtâš*[1]	———	*iqtīš*	———
	3	*iqtaniaš / iqtanâš*[1 et 2]	———	*iqta''iš / iqtajjiš*	*qitajjaš*
II		———			
III	1	*ušqīaš*[1] / *ušqâš*	———	*ušqīš*	———
	2-3	*uštaqâš*	———	———	———
IV	1	*iqqīaš / iqqâš*[1]	———	*iqqīš*	———
	3	———			

[1] Redoublement de C$_3$ et modification du timbre vocalique dans les formes à suffixe vocalique : ex. pl. *iqiššū* (inacc. I/1), *iqtiššū* (inacc. I/2), *iqtaniššū* (inacc. I/3), *iqqiššū* (inacc. IV/1).
[2] Assyrien : inacc. I/3 *iqtiniaš* (pl. *iqtiniššū*) ; pft I/1 *iqtiaš*.

Cf. conjugaisons : p. 61 (inaccompli), p. 67 (parfait), p. 72 (accompli) et p. 77 (impératif).

Le verbe

e) ***Verbes*** "***creux***" ***en Ū*** : ex. *kânu* (*KŪN*) "être sûr"

Radicaux des formes nominales et pronominales

[48]

		formes nominales			forme pronominale
		participe actif	adjectif verbal	infinitif	permansif
I	1	*kā'in-* / *mukīn-*	*kīn-*[1]	*kân-*[1]	*kīn(-)*[1]
	2	*muktīn-*	———	*kitūn-*	*kitūn(-)*
	3	———	———	*kitajjun-*	———
II	1	*mukīn-*[2]	*kūn-*[1 et 2]	*kūn-*[1 et 2]	*kūn(-)*[1 et 2]
	2-3	*muktin-*[1 et 2]	*kutūn-*[2]	*kutūn-*[1 et 2]	*kutūn(-)*[1 et 2]
III	1	———[3]	*šukūn-*[2]	*šukūn-*[2]	*šukūn(-)*[2]
	2		*šutakūn-*[2]	*šutakūn-*[2]	———
	3				
IV		———			

[1] Assyrien : *kēn-* (adj. vbal et perm. I/1), *kuān-* (inf. I/1), *muka''in-* (part. act. II/1), *ka''un-* (adj. vbal, inf. et perm. II/1), *mukta''in-* (part. act. II/2-3), *kuta''un-* (adj. vbal, inf. et perm. II/2).

[2] Redoublement de C_3 dans les formes avec suffixe vocalique : ex. *mukinnu* (part. act. II/1), *kunnu* (adj. vbal, inf. et perm. II/1), *kutunnu* (adj. vbal, inf. et perm. II/2), *šukunnu* (adj. vbal, inf. et perm. III/1), *šutakunnu* (adj. vbal, inf. III/2).

[3] En jB : *muškīnu.*

Cf. p. 46 (part-act.), p. 50 (adj. vbal), p. 54 (infinitif), p. 56-57 (permansif).

Formes verbales conjuguées

[49]

		3e personne masculin singulier			2e masc. sg.
		inaccompli	parfait	accompli	impératif
I	1	*ikân*[1 et 2]	*iktūn*	*ikūn*	*kūn*
I	2	*iktân*[1 et 2]	*iktatūn* (2-3)	*iktūn*[2] (2-3)	*kitūn* (2-3)
I	3	*iktanân*[1 et 2]			
II	1	*ukān*[1 et 2]	*uktīn*[1 et 2]	*ukīn*[1 et 2]	*kīn*[1 et 2]
II	2	*uktān*[1 et 2]	*uktatīn*[1 et 2] (2-3)	*uktīn*[1 et 2] (2-3)	*kutīn*[1 et 2]
II	3	*uktanān*[1 et 2]			
III	1	*uškān*[2]	*uštakīn*	*uškīn*[2]	*šukīn*
III	2 - 3	——			
IV	1	*ikkân*[1 et 2]	——	*ikkīn*	——
		——			

[1] Assyrien : *ikuan* (inacc. I/1), *iktuan* (inacc. I/2), *iktunuan*, pl *iktununnū* (I/3), *ukân* (inacc. II/1), *ukta"in* (pft I/1), *uka"in* (accom. I/1), *ka"in* (impér. II/1), *uktannū* (inacc. II/2), *uktata"in* (pft II/2-3), *uktanân* (inacc. II/3), *ukta"in* (accom. II/2), *kuta"in* (impér. II/2), *ikkuan* (inacc. IV/1).

[2] Redoublement de C_3 dans les formes à suffixe vocalique : *ikunnū* (inacc. I/1), *iktunnū* (inacc. I/2), *iktanunnū* (inacc. I/3), *iktunnū* (accom. I/3), *ukannū* (inacc. II/1), *uktinnū* (pft II/1), *ukinnu* (accom. II/1), *kinnā* (impér. II/1), *uktannū* (inacc. II/2), *uktanannū* (inacc. II/3), *uktatinnū* (pft II/2), *uktinnū* (accom. II/2-3), *kutinnā* (impér. II/2), *uškannū* (inacc. III/1), *uškinnū* (accom. III/1), *ikkannū* (inacc. IV/1).

Cf. conjugaisons : p. 61 (inaccompli), p. 67 (parfait), p. 72 (accompli) et p. 77 (impératif).

3.4. VERBES III-FAIBLE

- "en *i*" : ex. *banû* (BNĪ) "créer"
- "en *a*" : ex. *kalû* (KLĀ) "(dé)tenir"
- "en *e*" : ex. *šamû / šemû* (ŠMĒ) "entendre"
- "en *u*" : ex. *manû* (MNŪ) "compter"

Ces 4 groupes n'ont une formation différente que lorsque la 3e radicale faible (*i / a / e / u*) est présente :

- à l'inacc., pft, accom., impér. I et IV/3;
- à l'inacc., pft IV/1 ;

Ailleurs la formation de tous les verbes III-faible est identique.

Radicaux des formes nominales et pronominales

[50]

		formes nominales			forme pronominale
		participe actif	adjectif verbal	infinitif	permansif
I	1	[1]*bāni-*	*bani-*	*banā-*	*bani(-)*[2]
	2	*mubtani-*	*bitnu-*	*bitnu-*	*bitnu(-)*
	3	*mubtanni-*	*bitannu-*	*bitannu-*	*bitannu(-)*
II	1	*mubanni-*	*bunnu-*[3]	*bunnu-*[3]	*bunnu(-)*[3]
	2-3	*mubtanni-*	*butannu-*	*butannu-*	*butannu(-)*
III	1	*mušabni-*	*šubnu-*[3]	*šubnu-*[3]	*šubnu(-)*[3]
	2-3	*muštabni-*	*šutabnu-*	*šutabnu-*	*šutabnu(-)*
IV	1	*mubbani-*	*nabnu-*	*nabnu-*	*nabnu(-)*
	3	*muttabni-*	———	*itabnu-*	———

[1] – En babylonien, les verbes "en *e*" présentent dans l'ensemble des paradigmes une fermeture de *a > e : šēmi-* (part. act. I/1), *šemi-* (adj. vbal et perm.) ;
– en assyrien : formes non contractes fréquentes (*bāniu, kalau, mubtanniu, mušabniu*, etc.).

[2] Les verbes "en *u*" peuvent présenter un radical du type *manu*.

[3] Vocalisme assyrien : *a-u (bannu-* II, *šabnu-* III).

Cf. déclinaison : p. 48 (participe actif), p. 51 (adjectif verbal), p. 54 (infinitif), conjugaison du permansif, p. 57.

Formes verbales conjuguées

[51]

			3ᵉ personne masculin singulier			2ᵉ masc. sg.
			inaccompli	parfait	accompli	impératif
I	1	vb en *i*	*ibanni*	[2]*ibtani*	*ibni*	*bini*
		vb en *e*	[1]*išemme*	*išteme*	*išme*	*šime / šeme*
		vb en *a*	*ikalla*	*iktala*	*ikla*	*kila*
		vb en *u*	*imannu*	*imtanu*	*imnu*	*munu*
	2	vb en *i*	*ibtanni*	*ibtatni*	*ibtani*	*bitni*
		vb en *e*	*ištemme*	*ištetme*	*išteme*	*šetme*
		vb en *a*	*iktalla*	*iktatla*	*iktala*	*kitla*
		vb en *u*	*imtannu*	*imtatnu*	*imtanu*	*mitnu*
	3	vb en *i*	*ibtananni*	*ibtatanni*	*ibtanni*	*bitanni*
		vb en *e*	*ištenemme*	*ištetemme*	*ištemme*	*šitemme*
		vb en *a*	*iktanalla*	*iktatalla*	*iktalla*	*kitalla*
		vb en *u*	*imtanannu*	*imtatannu*	*imtannu*	*mitannu*
II	1		*ubanna*	*ubtanni*	*ubanni*	*bunni*[3]
	2		*ubtanna*	*ubtatanni*	*ubtanni*	*butanni*
	3		*ubtananna*			
III	1		*ušabna*	*uštabni*	*ušabni*	*šubni*[3]
	2		*uštabna*	*uštatabni*	*uštabni*	*šutabni*
	3		*uštanabna*			
IV	1	vb en *i*	*ibbanni*	*ittabni*	*ibbani*	*nabni*
		vb en *e*	*iššemme*	*ittešme*	*iššemi*	*našmi*
		vb en *a*	*ikkalla*	*ittakla*	*ikkali*	*nakli*
	3	vb en *i*	*ittanabni*	*ittatabni*	*ittabni*	*itabni*
		vb en *e*	*ittenešme*	*itteteşme*	*ittešme*	*itešme*
		vb en *a*	*ittanakla*	*ittatakla*	*ittakla*	*itakla*

1 Assyrien sans assimilation régressive due au timbre de l'aleph colorant : *išamme* (inacc. I/1), *ištanamme* (inacc. I/3), *ištatamme* (pft. I/3), *ištamme* (accom. I/3), *šitamme* (impér. I/3), *iššamme* (inacc. IV/1), *ittanašme* (inacc. IV/3), *ittatašme* (pft. IV/3), *ittašme* (accom. IV/3), *itašme* (impér. IV/3), etc.

2 Assimilation régressive en assyrien : *ibtini, imtunu* (pft I/1), *ikkili* (accom. IV/1), *ibbini* (accom. IV/1), *imtunu* (pft I/1), etc.

3 Vocalisme assyrien *a -i*: *banni* (II), *šabni* (III).

Cf. conjugaison p. 62 (inaccompli), p. 68 (parfait), p. 73 (accompli), p. 78 (impératif).

3.5. VERBES QUADRILITÈRES FAIBLES

a) Quadrilitères en N : *ex. naparkû* (n + *PRKŪ*) “arrêter”

Radicaux des formes nominales et pronominales

[52]

	formes nominales			forme pronominale
	participe actif	adjectif verbal	infinitif	permansif
en N (IV / 1)	*mupparki-*	*naparku-*	*naparku-*	*naparku(-)*
III / 1	*mušparki-*	*šuparku*	*šuparku*	*šuparku*

Formes verbales conjuguées

[53]

	3e pers. masculin singulier			2e masc. sg.
	inaccompli	parfait	accompli	impératif
en N (IV / 1)	*ipparakku*	*ittaparku*	*ipparki*	*naparki*
/ 3	*ittanaprakku*			
III / 1	*ušparakka*	*uštaparki*	*ušparki*	*šuparki*

b) Quadrilitères en Š : *ex.* šukênu (*ŠK’N*) “se soumettre”

Radicaux des formes nominales et pronominales

[54]

	formes nominales			forme pronominale
	participe actif	adjectif verbal	infinitif	permansif
III / 1	*muškē/īni-*	———	*šukêni-*	———

Formes verbales conjuguées

[55]

	3e personne masculin singulier			2e masc. sg.
	inaccompli	parfait	accompli	impératif
III / 1	*uškên*[1]	*uštekēn*[1]	*uškēn / uškīn*[1]	———
III / 2[2]	*uštekên*	———	*uštekēn*	———

[1] En assyrien : *uškân* (inacc.), *ultaka''in* (pft), *uška''in* (accom.).

[2] De sens passif.

Troisième partie
Les paradigmes

1. Le participe actif
2. L'adjectif verbal
3. L'infinitif
4. Le permansif
5. L'inaccompli
6. Le parfait
7. L'accompli
8. L'impératif
9. Les modes

1. LE PARTICIPE ACTIF

1.1. SCHÈME VOCALIQUE

[56]

	I	II	III	IV
1	*ā - i*	*a - i*		*a - i*
2-3	*a - i*	*a - i*		*a - i*

1.2. RADICAUX

a) Les verbes forts

[57]

		I	II	III	IV
pas de distinction de catégorie		$C_1\bar{a}C_2iC_3$-	mu$C_1aC_2C_2iC_3$-	muša$C_1C_2iC_3$-	muc$_1C_1aC_2iC_3$-
	1	*pāris-*	*muparris-*	*mušapris-*	*mupparis-*
	2 3	[1]*muptaris-u > muptarsu*	*muptarris-*	*muštapris-*	*muttapris-*

b) Les verbes faibles

Verbes I-faible

[58]

	I	II	III	IV
= '	*ākil-*	*mukkil-*	*mušākil-*	*munnakil* [1]
= " et J	*ēzib-*	*muzzib-*	*mušēzib-*	*munnezib-*
= W	———	*muwassim- / mussim-*	———	———
= ᵂ	*wāšib- > āšib-*	*muwaššib-> muššib-*	*mušāšib- / mušūšib- / mušēšib-*	*muwwašib-*

[1] *munnakil-u > munnaklu.*

Verbes II-faible

[59]

		I	II	III	IV
C_2	= '	*šā'il-*	*muša''il- / mušâl-*	———	*muššāl-*
	= "	*bē'il-*	*mubêl-* [1]	*mušbēl-* [1]	*mubbēl-*
V_2	= Ī	*qā'iš- / muqīš-* [1]	*muqa'iš- / muqīš-* [1]	*mušqīš-* [1]	———
	= Ū	*kā'in- / mukīn-* [1]	*muka''in-/ mukīn-* [1]	*muškīn-* [1]	

[1] Possible redoublement de C_3 devant suffixe vocalique : ex. *muqiššu / muqīšu, mukīnnu / mukīnu, etc.*

Verbes III-faible

[60]

	I	II	III	IV
vb en *i*	*bāni-*	*mubanni-*	*mušabni-*	*mubbani-*
vb en *e/a/u*	même vocalisation *a - i* (avec assimilation régressive en babylonien pour les verbes en *e* : ex. *šēm-*)			

Les paradigmes

1.3. FORMATION DE LA DÉCLINAISON

[61]

état construit état prédicatif				
état décliné				
radical	+	marque de genre et nombre	+	voyelle casuelle
ex. *pāris* *ākil* *šā'il* *bāni*[1] etc.		- ø / - *(a)t*- / -*ūt*- / -*āt*-		sg. -*u(m)* -*a(m)* -*i(m)* pl. -*u(m)* -*i(m)*

[1] Formes non contractes (ex. *bāniu*) ou contractes (ex. *bānû*) suivant les voyelles en contact et les dialectes.

1.4. EXEMPLE : PARTICIPE ACTIF I/1

[62]

		singulier	pluriel
masc.	nom.	*pārisu(m)*	*pārisūtu(m)*[1]
	acc.	*pārisa(m)*	*pārisūti(m)*
	déter.	*pārisi(m)*	
fém.	nom.	*pāristu(m)*	*pārisātu(m)*
	acc.	*pārista(m)*	*pārisāti(m)*
	déter.	*pāristi(m)*	

[1] Formes plus rares : *pārisū*, *pārisānu* et au cas oblique, *pārisī*, *pārisāni*.

Exemple de déclinaison : le participe actif I/1
ākilu(m) "mangeur"

[63]

		singulier	pluriel
masc.	nom.	*ākilu(m)*	*ākilūtu(m)*
	acc.	*ākila(m)*	*ākilūti(m)*
	déter.	*ākili(m)*	
fém..	nom.	*ākiltu(m)*	*ākilātu(m)*
	acc.	*ākilta(m)*	*ākilāti(m)*
	obl.	*ākilti(m)*	

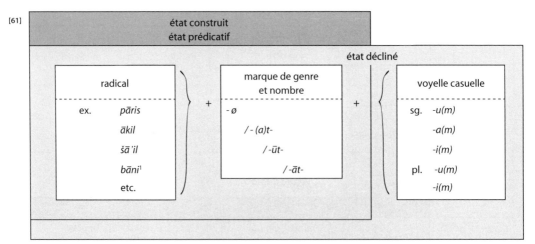

2. L'ADJECTIF VERBAL

2.1. SCHÈME VOCALIQUE

[64]

	I	II	III	IV
1	*a - i*	*u - u* (bab.) *a - u* (ass.)		*a - u*
2-3	*i*[1] *- u*	*u - u*		———

[1] Voyelle d'appui.

2.2. RADICAUX

a) Les verbes forts

[65]

		I	II	III	IV
pas de distinction de catégorie		$C_1aC_2iC_3$-	bab. $C_1uC_2C_2uC_3$- ass. $C_1aC_2C_2uC_3$-	š$uC_1C_2uC_3$- š$aC_1C_2uC_3$-	$naC_1C_2uC_3$-
	1	*paris-*[1]	*purrus-* / parrus-	*šuprus-* / šaprus-	*naprus-*
	2	*pitrus-*	*putarrus-*	*šutaprus-*	———
	3	———			

[1] Radical susceptible d'évolution phonétique avec perte de la voyelle vocalisant C_2 : ex. paris-u > *parsu*.

Les paradigmes

b) Les verbes faibles

Verbes I-faible

[66]

	I	II	III	IV
= ’	*akil-*[1]	*ukkul-* / akkul-	*šūkul-* / šākul-	*nankul-* / nākul-
= ” et J	*ezib-*[1]	*uzzub-* / ezzub-	*šūzub-* / šēzub-	*nenzub-* / nēzub-
= W	*(w)asim-*[1 et 2]	*(w)ussum-* / wassum > ussum-	*šūsum-* / šāsum-	———
= ^{W}	———	*(w)uššub-* / waššub- > uššub-	*šūšub-* / šēšub-	———

[1] Radical susceptible d'évolution phonétique avec perte de la voyelle vocalisant C_2 : ex. akil-u > *aklu*.
[2] En assyrien : *(w)a-* > *u-* : ex. *(w)asim-* > *usim-*.

Verbes II-faible

[67]

	I	II	III	IV
C_2 = ’	*šāl-*	*šu''ul-* / *šûl-*	———	———
= ”	*bēl-*	*bûl-*	———	
V_2 = Ī	*qīš-* / qēš-	———	———	
= Ū	*kīn-* / kēn-	*ku''un-*[1] / *kūn-*[2]	*šukūn-*[3]	

[1] Ass. *ka''un-*
[2] Redoublement de C_3 devant suffixe vocalique : ex. *kunnu*.
[3] Possible redoublement de C_3 devant suffixe vocalique : ex. *šukūnu* / *šukunnu*.

Verbes III-faible

[68]

	I	II	III	IV
verbe en *i*	*bani-*	*bunnu-* / bannu-	*šubnu-* / šabnu-	*nabnu-*
verbe en *e*	*šemi-* / šami-	*šummu-* / šammu-	*šušmu-* / šašmu-	*našmu-* / *nešmu-*
verbe en *a*	*kali-*	*kullu-* / kallu-	*šuklu-* / šaklu-	*naklu-*
verbe en *u*	*mani-*	*munnu-* / mannu-	*šumnu-* / šamnu-	*namnu-*

2.3. Formation de la déclinaison

[69]

état construit / état prédicatif				état décliné
radical		marque de genre et nombre		voyelle casuelle
ex. *paris-*[1]	}	- Ø	+	sg. *-u(m)*
akil-[1]	+	/ - *(a)t-*	{	*-a(m)*
šāl-				*-i(m)*
bani-[2]		/ *-ūt-*		pl. *-u(m)*
		/ *-āt-*		*-i(m)*

[1] Radical susceptible d'évolution phonétique : ex. paris-u > *parsu*, etc.
[2] Formes non contractes (ex. *baniu*) ou contractes (ex. *banû*) suivant les voyelles en contact et les dialectes.

2.4. EXEMPLE : LA DÉCLINAISON DE L'ADJECTIF I/1

[70]

		singulier	pluriel
masc.	nom.	*parsu(m)* *aklu(m)* *šālu(m)* *baniu(m)* / *banû(m)*	*parsūtu(m)* *aklūtu(m)* *šālūtu(m)* *baniūtu(m)* / *banûtu(m)*
	acc.	*parsa(m)* *akla(m)* *šāla(m)* *bania(m)* / *banâ(m)*	*parsūti(m)* *aklūti(m)* *šālūti(m)* *baniūti(m)* / *banûti(m)*
	déter.	*parsi(m)* *akli(m)* *šāli(m)* *banî(m)*	
fém.	nom.	*paristu(m)*[1] *akiltu(m)* *šālatu(m)* *banītu(m)*	*parsātu(m)* *aklātu(m)* *šālātu(m)* *baniātu(m)* / *banâtu(m)*
	acc.	*parista(m)* *akilta(m)* *šālata(m)* *banīta(m)*	*parsāti(m)* *aklāti(m)* *šālāti(m)* *baniāti(m)* / *banâti(m)*
	déter.	*paristi(m)* *akilti(m)* *šālati(m)* *banīti(m)*	

[1] Possible évolution phonétique du groupe /st/ > lt.

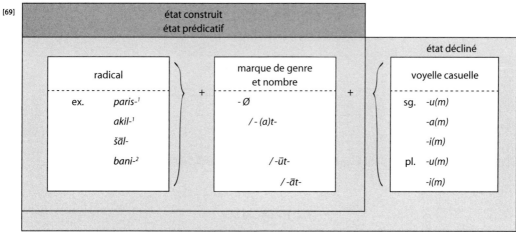

3. L'INFINITIF

3.1. SCHÈME VOCALIQUE

[71]

	I	II	III	IV
1	*a* - *ā*	*u* - *u* (bab.) *a* - *u* (ass.)		*a* - *u*
2-3	*i*[1] - *u*	*u* - *u*		*i*[1] - *u*

[1] Voyelle d'appui.

À l'exception de la voix I/1, l'infinitif a le même radical que l'adjectif verbal et le permansif.

3.2. RADICAUX

a) Les verbes forts

[72]

		I	II	III	IV
pas de distinction de catégorie		$C_1aC_2\bar{a}C_3$-	bab. $C_1uC_2C_2uC_3$- ass. $C_1aC_2C_2uC_3$-	š$uC_1C_2uC_3$- š$aC_1C_2uC_3$-	$naC_1C_2uC_3$-
	1	*parās-*	*purrus-* / parrus-	*šuprus-* / *šaprus-*	*naprus*
	2	*pitrus-* [1]	*putarrus-*	*šutaprus-*	*itaprus-*
	3	*pitarrus-*			

[1] Forme assyrienne : *pitars-*.

b) Les verbes I-faible

Verbes I-faible

[73]

	I	II	III	IV
= '	*akāl-*	*ukkul-* / akkul-	*šūkul-* / šākul-	*nankul-* / nākul-
= " et J	*ezēb-*	*uzzub-* / ezzub-	*šūzub-* / šēzub-	*nenzub-* / nēzub-
= W	*(w)asām-* *(w)asām-* > *usām-*	*(w)ussum-* / wassum-> ussum-	*šūsum-* / šāsum-	————
= ʷ	*(w)ašāb-* *(w)ašāb-* > *ušāb-*	*(w)uššub-* / waššub- > uššub-	*šūšub-* / šēšub-	————

Verbes II-faible

[74]

	I	II	III	IV
C_2 = '	*šâl-* / *ša'āl-*	*šu"ul-* / *šûl-*[1 et 2]	————	————
= "	*bêl-* / *be"āl-*	*bûl-*[1 et 2]	————	
V_2 = Ī	*qâš-* / *qiāš-*	————	————	
= Ū	*kân-* / *kuān-*	*kūn-*[1, 2] / *ku"un-*	*šukūn-*[2]	

1 Assyrien avec vocalisme *a - u* : *ša"ul, ka"un-*.
2 Redoublement de C_3 devant suffixe vocalique : ex. *bullu, kunnu, šukunnu.*

Verbes III-faible

[75]

	I	II	III	IV
verbe en *i*	*banā-*	*bunnu-* / bannu-	*šubnu-* / šabnu-	*nabnu-*
verbe en *e*	*šemā-* / *šemē-*	*šummu-* / šammu-	*šušmu-* / šašmu	*našmu-*
verbe en *a*	*kalā-*	*kullu-* / kallu-	*šuklu-* / šaklu-	*naklu-*
verbe en *u*	*manā-*	*munnu-* / mannu-	*šumnu-* / šamnu-	*namnu-*

3.3. FORMATION DE LA DÉCLINAISON

[76]

état construit état prédicatif		
état décliné		
radical	+	voyelle casuelle
ex. *parās-* *akāl-* *ša'āl- / šâl-* *qiāš- / qâš-* *kuān-* / kân- *banā-*[1]		*sg.* *-u(m)* *-a(m)* *-i(m)*

[1] Formes non contractes (ex. banā-u > *banau)* ou contractes (ex. *banû)* suivant les voyelles en contact et les dialectes.

3.4. EXEMPLE : LA DÉCLINAISON DE L'INFINITIF I/1

[77]

	I/1	III/1
nom.	*parāsu(m)*	*šuprusu(m)*[1]
	akālu(m)	*šūkulu(m)*
	šâlu(m)	________
	qiāšu(m) / qâšu(m)	________
	kuānu*(m) / kânu(m)*	*šukunnu(m)*
	banā'u(m) / banû(m)	*šubnu'u(m) / šubnû(m)*
acc.	*parāsa(m)*	*šuprusa(m)*
	akāla(m)	*šūkula(m)*
	šâla(m)	________
	qiāša(m) / qâša(m)	________
	kuāna(m) / kâna(m)	*šukunna(m)*
	banâ(m)	*šubnu'a(m) / šubnâ(m)*
déter.	*parāsi(m)*	*šuprusi(m)*
	akāli(m)	*šūkuli(m)*
	šâli(m)	________
	qiāši(m) / qâši(m)	________
	kuāni(m) / kâni(m)	*šukunna(m)*
	banā'i(m) / banî(m)	*šubnu'i(m) / šubnî(m)*

[1] En assyrien vocalisme a - u : par ex. *šaprusu(m), šākulu(m)*, etc.
[2] Forme non attestée pour les verbes II-' et II-Ī.

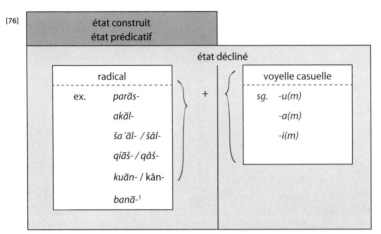

4. LE PERMANSIF

4.1. SCHÈME VOCALIQUE

[78]

	I	II	III	IV
1	*a - (i)*	*u - u* (bab.) *a - u* (ass.)		*a - u*
2-3	*i - u*	*u - u*		*i - u*

4.2. RADICAUX

Le permansif a le même radical que l'adjectif verbal et, à l'exception de la voix I/1, que l'infinitif.

a) Les verbes forts

[79]

		I	II	III	IV
pas de distinction de catégorie		$C_1aC_2iC_3$(-)[1]	bab. $C_1uC_2C_2uC_3$- ass. $C_1aC_2C_2uC_3$-	šuC_1C_2uC_3- šaC_1C_2uC_3-	naC_1C_2uC_3-
	1	*paris*[2]	*purrus* / parrus	*šuprus* / šaprus	*naprus*
	2	*pitrus*	{ *putarrus*	{ *šutaprus*	*itaprus*
	3	*pitarrus*			

[1] Radical susceptible d'évolution phonétique : paris-āku > *parsāku*, etc.
[2] Le radical nu (*paris*) est la forme de 3e masc. sg.

b) Les verbes faibles

Verbes I-faible

Formes de 3ᵉ masc. sg.

[80]

	I	II	III	IV
= '	*akil*[1]	*ukkul* / akkul	*šūkul* / šākul	*nankul* / nākul
= '' et J	*ezib*[1]	*uzzub* / ezzub	*šūzub* / šēzub	*nenzub* / nēzub
= W	*(w)asim* *wasim* > *usim*	*(w)ussum* / wassum > ussum	*šūsum* / šāsum	———
= ʷ	*(w)ašib* / ušib	*(w)uššub* / waššub > uššub	*šūšub* / šēšub	———

[1] Aux formes à suffixe : C_2 n'est pas vocalisée (cf. tableau [84]).

Verbes II-faible

[81]

	I	II	III	IV
C_2 = '	*ša'il* / *šāl*	*šu''ul* / *šûl*[1]	———	———
= ''	*bēl*	*bûl* / be''ul[1]	———	
V_2 = Ī	*qīš* / qēš	———	*šuqūš*[1]	
= Ū	*kīn* / kēn	*kūn*[1 et 2]	*šukūn*[1]	

[1] Assyrien avec vocalisme *a - u* : ex. *ša''ul, ka''un.*
[2] Redoublement possible de C_3 dans les formes avec suffixe vocalique : ex. *kūnāku / kunnāku* (1ᵉ pers. sg.).

Verbes III-faible

[82]

	I	II	III	IV
verbe en *i*	*bani*	*bunnu* / bannu	*šubnu* / šabnu	*nabnu*
verbe en *e*	*šemi*	*šummu* / šammu	*šušmu* / šašmu	*našmu*
verbe en *a*	*kali*	*kullu* / kallu	*šuklu* / šaklu	*naklu*
verbe en *u*	*mani*	*munnu* / mannu	*šumnu* / šamnu	*namnu*

4.3. FORMATION DES PARADIGMES

[83]

Radical = 3^e^ masc. sg.	
I/1	*paris*
	akil
	ezib
	ša'il
	qīš
	kīn
	bani[1] *etc.*

II/1	*purrus*[2]
	ukkul
	uzzub
	šu''ul / šûl
	kūn
	bunnu[1] *etc.*

III/1	*šuprus*
	šūkul
	šūzub
	šuqūš
	šubnu[1] *etc.*

\+

- *āku*	1e com.	sg
- *āta*	2e masc.	
- *āti*	fém.	
- *ø*	3e masc.	
- *at*	fém.	
- *nu*	1e com.	pl.
- *ātunu*	2e masc	
- *ātina*	fém.	
- *ū*	3e masc.	
- *ā*	fém.	

1 Formes non contractes (ex. *baniāku*) ou contractes (ex. *banâku*) suivant les dialectes.
2 En assyrien, vocalisme *a-u*.

4.4. EXEMPLE : LA CONJUGAISON DU PERMANSIF I/1

[84]

			PRS	'KL	QĪŠ	BNĪ
sg.	1^e^	com.	*parsāku*	*aklāku*	*qīšāku*	*baniāku / banâku*
	2^e^	masc.	*parsāta*	*aklāta*	*qīšāta*	*baniāta / banâta*
		fém.	*parsāti*	*aklāti*	*qīšāti*	*baniāti / banâti*
	3^e^	masc.	*paris*	*akil*	*qīš*	*bani*
		fém.	*parsat*	*aklat*	*qīšat*	*baniat / banât*
pl.	1^e^	com.	*parsānu*	*aklānu*	*qīšānu*	*baniānu / banânu*
	2^e^	masc.	*parsātunu*	*aklātunu*	*qīšātunu*	*baniātunu / banâtunu*
		fém.	*parsātina*	*aklātina*	*qīšātina*	*baniātina / banâtina*
	3^e^	masc.	*parsū*	*aklū*	*qīšū*	*baniū / banû*
		fém.	*parsā*	*aklā*	*qīšā*	*baniā / banâ*

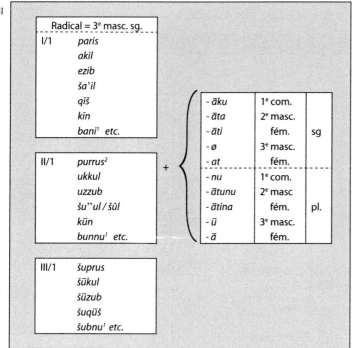

5. L'INACCOMPLI

5.1. SCHÈME VOCALIQUE

[85]

	I	II	III	IV
1 2-3	*a* -v[1]	*a* - *a*		*a* -v[1]

5.2. FORMES

a) Les verbes forts

Formes de 3e masc. sg.

[86]

		I	II	III	IV
		$-C_1aC_2(C_2)vC_3(-)$	$-C_1aC_2C_2aC_3(-)$	$-šaC_1C_2aC_3-$	$-nC_1aC_2(C_2)vC_3(-)$
catégorie	*a/u*	*ipar(r)as*[1]	*uparras*	*ušapras*	*ippar(r)as*
	a/a	*iṣab(b)at*	*uṣabbat*	*ušaṣbat*	*iṣṣab(b)at*
	i/i	*ipaq(q)id*	*upaqqad*	*ušapqad*	*ippaq(q)id*
	u/u	*irap(p)ud*	*urappad*	*ušarpad*	*irrap(p)ud*[1]

[1] La plupart des verbes en *u* ne sont pas attestés à la voix IV .

Conjugaison : voix I

Conjugaison aux voix I et IV avec radicaux où la voyelle vocalisant C_2 varie suivant la catégorie du verbe :

[87]

		parāsu (a/u)	*ṣabātu* (a)	*paqādu* (i)	*rapādu* (u)
sg.	1e com.	*apar(r)as*	*aṣab(b)at*	*apaq(q)id*	*arap(p)ud*
	2e masc.	*tapar(r)as*	*taṣab(b)at*	*tapaq(q)id*	*tarap(p)ud*
	fém.	[1 et 2] *tapar(r)asī*	*taṣab(b)atī*	*tapaq(q)idī*	*tarap(p)udī*
	3e masc.	*ipar(r)as*	*iṣab(b)at*	*ipaq(q)id*	*irap(p)ud*
	fém.	*tapar(r)as*	*taṣab(b)at*	*tapaq(q)id*	*tarap(p)ud*
pl.	1e com.	*nipar(r)as*	*niṣab(b)at*	*nipaq(q)id*	*nirap(p)ud*
	2e masc.	*tapar(r)asū*	*taṣab(b)atū*	*tapaq(q)idū*	*tarap(p)udū*
	fém.	*tapar(r)asā*	*taṣab(b)atā*	*tapaq(q)idā*	*tarap(p)udā*
	3e masc.	*ipar(r)asū*	*iṣab(b)atū*	*ipaq(q)idū*	*irap(p)udū*
	fém.	*ipar(r)asā*	*iṣab(b)atā*	*ipaq(q)idā*	*irap(p)udā*

[1] Dans l'ensemble des paradigmes, en assyrien, possible assimilation régressive du timbre du suffixe vocalique touchant le *a* vocalisant C_2 : ex. *tapar(r)asī* > *tapar(r)isī*, *tapar(r)asū* > *tapar(r)usū*, etc.

[2] Dans l'ensemble des paradigmes, abrègement de longue en finale : *taptar(r)asī* > *taptar(r)asi*, *taptar(r)asū* > *taptar(r)asu*, etc.

Conjugaison : voix II et III

[88]

préfixe personnel				radical			suffixe personnel
sg.	1ᵉ com.	*u-*	+	II	III	+	- ø
	2ᵉ masc.	*tu-*		*-parras-*	*-šapras-*		- ø
	fém.	*tu-*		*-ṣabbat-*	*-šaṣbat-*		- *ī*
	3ᵉ masc.	*u-*		*-paqqad-*	*- šapqad-*		- ø
	fém.	*tu-*		*-rappad-*	*- šarpad-*		- ø
pl.	1ᵉ com.	*nu-*					- ø
	2ᵉ masc.	*tu-*					- *ū*
	fém.	*tu-*					- *ā*
	3ᵉ masc.	*u-*					- *ū*
	fém.	*u-*					- *ā*

Conjugaison : voix IV

[89]

			parāsu (a/u)	*ṣabātu* (a)	*paqādu* (i)	*rapādu* (u)
sg.	1ᵉ	com.	*appar(r)as*	*aṣṣab(b)at*	*appaq(q)id*	*arrap(p)ud*
	2ᵉ	masc.	*tappar(r)as*	*taṣṣab(b)at*	*tappaq(q)id*	*tarrap(p)ud*
		fém.	*tappar(r)asī*	*taṣṣab(b)atī*	*tappaq(q)idī*	*tarrap(p)udī*
	3ᵉ	masc.	*ippar(r)as*	*iṣṣab(b)at*	*ippaq(q)id*	*irrap(p)ud*
		fém.	*tappar(r)as*	*taṣṣab(b)at*	*tappaq(q)id*	*tarrap(p)ud*
pl.	1ᵉ	com.	*nippar(r)as*	*niṣṣab(b)at*	*nippaq(q)id*	*nirrap(p)ud*
	2ᵉ	masc.	*tappar(r)asū*	*taṣṣab(b)atū*	*tappaq(q)idū*	*tarrap(p)udū*
		fém.	*tappar(r)asā*	*taṣṣab(b)atā*	*tappaq(q)idā*	*tarrap(p)udā*
	3ᵉ	masc.	*ippar(r)asū*	*iṣṣab(b)atū*	*ippaq(q)idū*	*irrap(p)udū*
		fém.	*ippar(r)asā*	*iṣṣab(b)atā*	*ippaq(q)idā*	*irrap(p)udā*

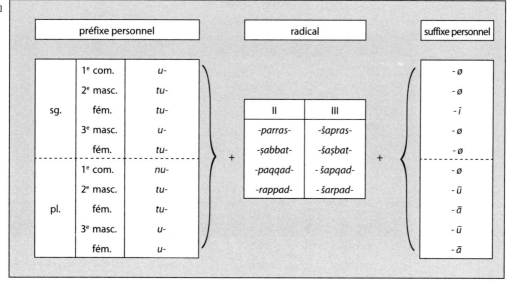

b) Les verbes faibles

Verbes I-faible

Formes de 3e masc. sg.

[90]

	I	II	III	IV
C_1 = '	*ikkal* / ekkal[1]	*ukkal*	*ušakkal*	*innakkal*
= " et J	*izzib*[2] / ezzib	*uzzeb* / uzzab	*ušezzeb* / ušezzab	*innezzib*[2]
= W	*iwassim* > *issim*	*ussam*	*ušassam*	*innessim*
= ^{W}	*iwaššab* > *uššab*	*uššab*	*ušaššab*	*iwwaššab* / *i "aššab*

[1] Quelques verbes en *i* : ex. *irriq* (I/1) et en *u* : ex. *ikkuš* (I/1).
[2] Quelques verbes en *u* : ex. *irrub* (I/1).

Conjugaison : voix I

[91]

		akālu ('KL ; a/u)	*ezēbu* ("ZB ; i/i)	*(w)asāmu(m)* (WSM ; i/i)	*(w)ašābu(m)* (^{W}ŠB ; a/i)
sg.	1e com.	*akkal*	*ezzib*	*essim*	*uššab*
	2e masc.	*takkal*	*tezzib*	*tessim*	*tuššab*
	fém.	[1]*takkalī*	*tezzibī*	*tessimī*	*tuššabī*
	3e masc.	[2]*ikkal*	[2]*izzib*	*issim*	*uššab*
	fém.	*takkal*	*tezzib*	*tessim*	*tuššab*
pl.	1e com.	*nikkal*	*nizzib*	*nissim*	*nuššab*
	2e masc.	*takkalū*	*tezzibū*	*tessimū*	*tuššabū*
	fém.	*takkalā*	*tezzibā*	*tessimā*	*tuššabā*
	3e masc.	*ikkalū*	*izzibū*	*issimū*	*uššabū*
	fém.	*ikkalā*	*izzibā*	*issimā*	*uššabā*

[1] En assyrien, assimilation régressive : ex. *takkali* > *takkili, tuššabī* > *tuššibī, tuššabū* > *tuššubū.*
[2] En assyrien, au contact de l'aleph (' et "), le préfixe *i* > *e* (ex. *ekkal, ezzib*) et la 1e sg. est de même forme que la 3e sg.

Conjugaison : voix II, III et IV

[92]

		akālu ('KL ; a/u)	*ezēbu* ("ZB ; i/i)	*(w)asāmu(m)* (WSM ; i/i)	*(w)ašābu(m)* (^{W}ŠB ; a/i)
II	1e sg.	*ukkal*	*uzzib*	*ussam*	*uššab*
	3e masc. pl.	*ukkalū*[1]	*uzzibū*	*ussamū*	*uššabū*
III	1e sg.	*ušakkal*	*ušezzib*	*ušassam*	*ušaššab*
	3e masc. pl.	*ušakkalū*[1]	*ušezzibū*	*ušassamū*	*ušaššabū*
IV	1e sg.	*annakkal*	*annezzib*		
	3e masc. pl.	*innakkalū*[1]	*innezzibū*	______	______

[1] En assyrien assimilation régressive : ex. *ukkulū, ušakkulū, innakkulū*.

Verbes II-faible

Formes de 3e masc. sg.

[93]

	I	II	III	IV
C_2 = '	*išâl*	*ušâl*	*uššâl*	*iššâl*
= "	*ibêl*	*ubêl*	*ušbêl*	*ibbêl*
V_2 = Ī	*iqâs* / *iqīaš*	________	*ušqâš* / *ušqīaš*	*iqqâs* / *iqqīaš*
= Ū	*ikân* / ikūan	*ukān* / ukân	*uškân* / uškūan	*ikkân* / ikkūan

Conjugaison : voix I

[94]

		šâlu (Š'L)	*bêlu* (B"L)	*qiāšu* / *qâšu* (QĪŠ)	*kânu* / *kuānu* (KŪN)
sg.	1e com.	*ašâl*	*abêl*	*aqâš*	*akân*
	2e masc.	*tašâl*	*tabêl*	*taqâš*	*takân*
	fém.	*tašallī*	*tabellī*	*taqiššī*	*takunnī*
	3e masc.	*išâl*	*ibêl*	*iqâš*	*ikân*
	fém.	*tašâl*	*tabêl*	*taqâš*	*takân*
pl.	1e com.	*nišâl*	*nibêl*	*niqâš*	*nikân*
	2e masc.	*tašallū*	*tabellū*	*taqiššū*	*takunnū*
	fém.	*tašallā*	*tabellā*	*taqiššā*	*takunnā*
	3e masc.	*išallū*	*ibellū*	*iqiššū*	*ikunnū*
	fém.	*išallā*	*ibellā*	*iqiššā*	*ikunnā*

Conjugaison : voix II, III et IV

[95]

		šâlu (Š'L)	*bêlu* (B"L)	*qiāšu* / *qâšu* (QĪŠ)	*kânu* / *kuānu* (KŪN)
II	1e sg.	*ušâl*	*ubêl*		*ukān*
	3e masc. pl.	*ušallū*	*ubellū*	________	*ukannu*
III	1e sg.	*uššâl*	*ušbêl*	*ušqīaš* / *ušqâš*	*uškān*
	3e masc. pl.	*uššâlū*	*ušbêlū*	*ušqiššū*	*uškannū*
IV	1e sg.	*aššâl*	*abbêl*	*aqqīaš* / *aqqâš*	*akkân* / akkūan
	3e masc. pl.	*iššallū* / *iššâlū*	*ibbellū* / *ibbêlū*	*iqqiššū*	*ikkannū* / *ikkunnū*

Verbes III-faible

Formes de 3^e^ masc. sg.

[96]

	I	II	III	IV
verbe en *i*	*ibanni*	*ubanna*	*ušabna*	*ibbanni*
verbe en *e*	*išemme*	*ušemme*	*ušešme*	*iššemme* / iššame
verbe en *a*	*ikalla*	*ukalla*	*ušakla*	*ikkalla* / *ikkalli*
verbe en *u*	*imannu*	*umanna*	*ušamna*	*immannu*

Conjugaison : voix I

[97]

			verbe en *i*	verbe en *e*	verbe en *a*	verbe en *u*
sg.	1^e^	com.	*abanni*	*ašemme*	*akalla*	*amannu*
	2^e^	masc.	*tabanni*	*tašemme*	*takalla*	*tamannu*
		fém.	*tabannî*	*tašemmeī* / *tašemmî/ê*	*takallaī* / *takallî*	*tamannuī* / *tamannî*
	3^e^	masc.	*ibanni*	*išemme*	*ikalla*	*imannu*
		fém.	*tabanni*	*tašemme*	*takalla*	*tamannu*
pl.	1^e^	com.	*nibanni*	*nišemme*	*nikalla*	*nimannu*
	2^e^	masc.	*tabanniū* / *tabannû*	*tašemmeū* / *tašemmû*	*takallaū* / *takallû*	*tamannû*
		fém.	*tabanniā* / *tabannâ*	*tašemmeā* / *tašemmâ*	*takallâ*	*tamannuā* / *tamannâ*
	3^e^	masc.	*ibanniū* / *ibannû*	*išemmeū* / *išemmû*	*ikallaū* / *ikallû*	*imannû*
		fém.	*ibanniā* / *ibannâ*	*išemmeā* / *išemmâ*	*ikallâ*	*imannuā* / *imannâ*

Conjugaison : voix II, III et IV

[98]

			verbe en *i*	verbe en *e*	verbe en *a*	verbe en *u*
II	1^e^	sg.	*ubanna*	*ušemma*	*ukalla*	*umanna*
	3^e^	masc. pl.	*ubannaū* / *ubannû*	*ušemmaū* / *ušammû*	*ukallaū* / *ukallû*	*umannaū* / *umannû*
III	1^e^	sg.	*ušabna*	*ušašma*	*ušakla*	*ušamna*
	3^e^	masc. pl.	*ušabnaū* / *ušabnû*	*ušašmaū* / *ušašmû*	*ušaklaū* / *ušaklû*	*ušamnaū* / *ušamnû*
IV	1^e^	sg.	*abbanni*	*aššemme*	*akkalla*	*ammannu*
	3^e^	masc. pl.	*ibbanniū* / *ibbannû*	*iššemmeū* / *iššemmû*	*ikkallaū* / *ikkallû*	*immannû*

6. LE PARFAIT

6.1. SCHÈME VOCALIQUE

[99]

	I	II	III	IV
1 2-3	*a - v^1*	*a - i*		*a - v^1*

6.2. FORMES

a) Les verbes forts

Catégories : aux voix I et IV, le radical varie suivant la voyelle catégorielle.

[100]

		I	II	III	IV
		-$C_1taC_2v^1C_3$(-) [1]	-$C_1taC_2C_2iC_3$(-)	-š$taC_1C_2iC_3$- [3]	-$ntaC_1C_2vC_3$(-)
catégorie	*a/u*	*iptaras*[1]	*uptarris*	*uštapris*	*ittapras*
	a/a	*iṣtabat*[2]	*uṣtabbit*	*uštaṣbit*	*ittaṣbat*
	i/i	*iptaqid*	*uptaqqid*	*uštapqid*	*ittapqid*
	u/u	*irtapud*	*urtappid*	*uštarpid*	________

[1] Radical susceptible d'une évolution phonétique avec amuïssement de la voyelle vocalisant C_2: ex. *iptaras-ū* > *iptarsū*.
[2] Évolution phonétique possible */ṣt/* > */ṣṣ/*.
[3] Évolution phonétique possible */št/* > /lt/.

Conjugaison : voix I

[101]

		parāsu (a/u)	*ṣabātu* (a)	*paqādu* (i)	*rapādu* (u)
sg.	1e com.	*aptaras*	[1]*aṣṭabat*	*aptaqid*	*artapud*
	2e masc.	*taptaras*	*taṣṭabat*	*taptaqid*	*tartapud*
	fém.	*taptarsī*	*taṣṭabtī*	*taptaqdī*	*tartapdī*
	3e masc.	*iptaras*	*iṣṭabat*	*iptaqid*	*irtapud*
	fém.	*taptaras*	*taṣṭabat*	*taptaqid*	*tartapud*
pl.	1e com.	*niptaras*	*niṣṭabat*	*niptaqid*	*nirtapud*
	2e masc.	*taptarsū*	*taṣṭabtū*	*taptaqdū*	*tartapdū*
	fém.	*taptarsā*	*taṣṭabtā*	*taptaqdā*	*tartapdā*
	3e masc.	*iptarsū*	*iṣṭabtū*	*iptaqdū*	*irtapdū*
	fém.	*iptarsā*	*iṣṭabtā*	*iptaqdā*	*irtapdā*

[1] Dans l'ensemble des paradigmes, /ṣt/ peut évoluer en /ṣṣ/.

Conjugaison : voix II et III

[102]

sg.	1e com.	*u-*
	2e masc.	*tu-*
	fém.	*tu-*
	3e masc.	*u-*
	fém.	*tu-*
pl.	1e com.	*nu-*
	2e masc.	*tu-*
	fém.	*tu-*
	3e masc.	*u-*
	fém.	*u-*

+

II	III
-ptarris	*-štapris*
-ṣtabbit	*-štaṣbit*
-ptaqqid	*-štapqid*
-rtappid	*-štarpid*

+

- ø
- *ī*
- ø
- ø
- ø
- *ū*
- *ā*
- *ū*
- *ā*

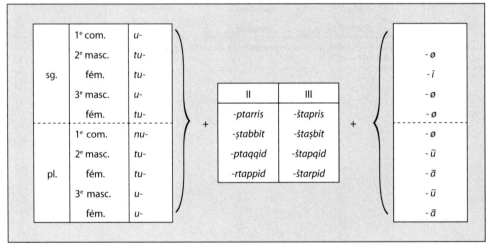

Conjugaison : voix IV

[103]

			parāsu (a/u)	*ṣabātu* (a)	*paqādu* (i)	*rapādu* (u)
sg.	1e	com.	*attapras*	*attaṣbat*	*attapqid*	*attarpud*
	2e	masc.	*tattapras*	*tattaṣbat*	*tattapqid*	*tattarpud*
		fém.	*tattaprasī*	*tattaṣbatī*	*tattapqidī*	*tattarpudī*
	3e	masc.	*ittapras*	*ittaṣbat*	*ittapqid*	*ittarpud*
		fém.	*tattapras*	*tattaṣbat*	*tattapqid*	*tattarpud*
pl.	1e	com.	*nittapras*	*nittaṣbat*	*nittapqid*	*nittarpud*
	2e	masc.	*tattaprasū*	*tattaṣbatū*	*tattapqidū*	*tattarpudū*
		fém.	*tattaprasā*	*tattaṣbatā*	*tattapqidā*	*tattarpudā*
	3e	masc.	*ittaprasū*	*ittaṣbatū*	*ittapqidū*	*ittarpudū*
		fém.	*ittaprasā*	*ittaṣbatā*	*ittapqidā*	*ittarpudā*

b) Les verbes faibles

Verbes I-faible

Formes de 3e masc. sg.

[104]

	I	II	III	IV
C_1 = '	*ītakal* / ētakal[1]	*ūtakkil*	*uštākil*	*ittankal* / ittākal
= " et J	*ītezib*[2] / ētazib	*ūtezzib* / ūtazzib	*uštēzib*	*ittenzib* / ittēzeb
= W	*ītesim* / ītasim	*ūtessim* / ūtassim	*uštēsim* / uštāsim	________
= ^{W}	*ittašab* / *itšab* / ittūšib	*ūtaššib*	*uštāšib* / *uštēšib*	*ittaušab*

1 Verbes en *i* : ex. *ītariq* ; verbes en *u* : ex. *ītakuš.*
2 Verbes en *u* : ex. *īterub.*

Conjugaison : voix I

[105]

		akālu ('KL ; a/u)	*ezēbu* ("ZB ; i/i)	*(w)asāmu(m)* (WSM ; i/i)	*(w)ašābu(m)* (^{W}ŠB ; a/i)
sg.	1e com.	*ātakal*	*ētezib*	*ētasim*	*attašab*
	2e masc.	*tātakal*	*tētezib*	*tētasim*	*tattašab*
	fém.	*tātaklī*	*tētezbī*	*tētasmī*	*tattašabī*
	3e masc.	[1]*ītakal*	[1]*ītezib*	*ītasim*	*ittašab*
	fém.	*tātakal*	*tētezib*	*tētasim*	*tattašab*
pl.	1e com.	*nītakal*	*nītezib*	*nītasim*	*nittašab*
	2e masc.	*tātaklū*	*tētezbū*	*tētasmū*	*tattašbū*
	fém.	*tātaklā*	*tētezbā*	*tētasmā*	*tattašbā*
	3e masc.	*ītaklū*	*ītezbū*	*ītasmū*	*ittašabū*
	fém.	*ītaklā*	*ītezbā*	*ītasmā*	*ittašabā*

1 En assyrien, au contact de l'aleph (' et "), le préfixe *i* > *e* (ex. *ētazib, nītazib, ētazbū, ētazbā* .

Conjugaisons : voix II, III et IV

[106]

		akālu ('KL ; a/u)	*ezēbu* ("ZB ; i/i)	*(w)asāmu(m)* (WSM ; i/i)	*(w)ašābu(m)* (^{W}ŠB ; a/i)
II	1e sg.	*ūtakkil*	*ūtezzib*	*ūtassim*	*ūtaššib*
	3e masc. pl.	*ūtakkilū*	*ūtezzibū*	*ūtassimū*	*ūtaššibū*
III	1e sg.	*uštākil*	*uštēzib*	*uštāsim*	*uštāšib*
	3e masc. pl.	*uštākilū*	*uštēzibū*	*uštāsimū*	*uštāšibū*
IV	1e sg.	*attankal* / attākal	*attenzib*/ attēzib		
	3e masc. pl.	*ittankalū*/ ittākalū	*ittenzibū*/ ittēzibū	________	________

Verbes II-faible

Formes de 3e masc. sg.

[107]

		I	II	III	IV
C_2	= ʾ	*ištāl*	*ušta''il*	*uštašīl*	________
	= ''	*ibtēl*	________	________	________
V_2	= Ī	*iqtīš*	________	________	________
	= Ū	*iktūn*	*uktīn*	*uštakīn*	________

Conjugaison : voix I

[108]

		šâlu (Š'L)	*bêlu* (B''L)	*qiāšu / qâšu* (QĪŠ)	*kânu /kuānu* (KŪN)
sg.	1e com.	*aštāl*	*abtēl*	*aqtīš* / aqtīaš	*aktūn* / aktūan
	2e masc.	*taštāl*	*tabtēl*	*taqtīš* / taqtīaš	*taktūn* / taktūan
	fém.	*taštālī*	*tabtēlī*	*taqtīšī*	*taktūnī*
	3e masc.	*ištāl*	*ibtēl*	*iqtīš* / iqtīaš	*iktūn* / iktūan
	fém.	*taštāl*	*tabtēl*	*taqtīš* / taqtīaš	*taktūn* / taktūan
pl.	1e com.	*ništāl*	*nibtēl*	*niqtīš* / niqtīaš	*niktūn* / niktūan
	2e masc.	*taštālū*	*tabtēlū*	*taqtīšū*	*taktūnū*
	fém.	*taštālā*	*tabtēlā*	*taqtīšā*	*taktūnā*
	3e masc.	*ištālū*	*ibtēlū*	*iqtīšū*	*iktūnū*
	fém.	*ištālā*	*ibtēlā*	*iqtīšā*	*iktūnā*

Conjugaison : voix II, III et IV

[109]

		šâlu (Š'L)	*bêlu* (B''L)	*qiāšu / qâšu* (QĪŠ)	*kânu / kuānu* (KŪN)
II	1e sg.	*ušta''il*	*ubtēl*	________	*uktīn*
	3 masc. pl.	*uštālū*	*ubtēlū*	________	*uktinnū*
III	1e sg.	*uštašīl*	________	________	*uštakīn*
	3 masc. pl.	*uštašīlū*	________	________	*uštakīnū*[1]
IV		________			

[1] Ou *uštakinnū*.

Verbes III-faible

Formes de 3e masc. sg.

[110]

	I	II	III	IV
verbe en *i*	*ibtani* / ibtini	*ubtanni*	*uštabni*	*ittabni*
verbe en *e*	*išteme* / ištame	*uštemmi*	*uštešmi / uštešme*	*ittešme* / ittašme
verbe en *a*	*iktala*	*uktalli*	*uštakli*	*ittakla*
verbe en *u*	*imtanu* / imtunu	*umtanni*	*uštamni*	*ittamnu*

Conjugaison : voix I

[111]

		verbe en *i*	verbe en *e*	verbe en *a*	verbe en *u*
Sg.	1e com.	*abtani* / abtini[1]	*ašteme*	*aktala*	*amtanu* / amtunu[1]
	2e masc.	*tabtani*	*tašteme*	*taktala*	*tamtanu*
	fém.	*tabtanî*	*taštemeī / taštemî/ê*	*taktalaī / taktalî*	*tamtanuī / tamtanî*
	3e masc.	*ibtani*	*išteme*	*iktala*	*imtanu*
	fém.	*tabtani*	*tašteme*	*taktala*	*tamtanu*
Pl.	1e com.	*nibtani*	*ništeme*	*niktala*	*nimtanu*
	2e masc.	*tabtaniū / tabtanû*	*taštemeū / taštemû*	*taktalaū / taktalû*	*tamtanû*
	fém.	*tabtaniā / tabtanâ*	*taštemeā / taštemâ*	*taktalâ*	*tamtanuā / tamtanâ*
	3e masc.	*ibtaniū / ibtanû*	*ištemeū / ištemû*	*iktalaū / iktalû*	*imtanû*
	fém.	*ibtaniā / ibtanâ*	*ištemeā / ištemmâ*	*iktalâ*	*imtanuā / imtanâ*

[1] En assyrien, assimilation régressive dans l'ensemble du paradigme.

Conjugaison : voix II, III et IV

[112]

		verbe en *i*	verbe en *e*	verbe en *a*	verbe en *u*
II	1e sg.	*ubtanni*	*uštemmi*	*uktalli*	*umtanni*
	3e masc. pl.	*ubtanniū / ubtannû*	*uštemmiū / uštemmû* / uštammiū	*uktalliū / uktallû*	*umtanniū / umtannû*
III	1e sg.	*uštabni*	*uštašmi*	*uštakli*	*uštamni*
	3e masc. pl.	*uštabniū / uštabnû*	*uštašmiū / uštešmû* / uštašmiū	*uštakliū / uštaklû*	*uštamniū / uštamnû*
IV	1e sg.	*attabni*	*attašme*	*attakla*	*attamnu*
	3e masc. pl.	*ittabniū / ittabnû*	*ittašmeū* / ittašmû	*ittaklaū / ittaklû*	*ittamnû*

7. L'ACCOMPLI

7.1. SCHÈME VOCALIQUE

[113]

	I	II	III	IV
1	*a - v*[2]	*a - i*		*a - i*
2-3	*a - v*[1]			*a - v*[1]

7.2. FORMES

a) Les verbes forts

Formes de 3e masc. sg.

[114]

		I	II	III	IV
		$-C_1aC_2vC_3(-)$	$-C_1aC_2C_2iC_3(-)$	$-šaC_1C_2iC_3-$	$-nC_1aC_2iC_3(-)$
catégorie	*a/u*	*iprus*	*uparris*	*ušapris*	*ipparis* / ippiris
	a/a	*iṣbat*	*uṣabbit*	*ušaṣbit*	*iṣṣabit* / iṣṣibit
	i/i	*ipqid*	*upaqqid*	*ušapqid*	*ippaqid* / ippiqid
	u/u	*irpud*	*urappid*	*ušarpid*	*irrapid* / irripid[1]

[1] La plupart des verbes en *u* n'ont pas de voix IV.

Conjugaison : voix 1

[115]

			parāsu (a/u)	*ṣabātu* (a)	*paqādu* (i)	*rapādu* (u)
sg.	1e	com.	*aprus*	*aṣbat*	*apqid*	*arpud*
	2e	masc.	*taprus*	*taṣbat*	*tapqid*	*tarpud*
		fém.	*taprusī*	*taṣbatī*	*tapqidī*	*tarpudī*
	3e	masc.	*iprus*	*iṣbat*	*ipqid*	*irpud*
		fém.	*taprus*	*taṣbat*	*tapqid*	*tarpud*
pl.	1e	com.	*niprus*	*niṣbat*	*nipqid*	*nirpud*
	2e	masc.	*taprusū*	*taṣbatū*	*tapqidū*	*tarpudū*
		fém.	*taprusā*	*taṣbatā*	*tapqidā*	*tarpudā*
	3e	masc.	*iprusū*	*iṣbatū*	*ipqidū*	*irpudū*
		fém.	*iprusā*	*iṣbatā*	*ipqidā*	*irpudā*

Conjugaison : voix II et III

[116]

sg.	1e com.	*u-*
	2e masc.	*tu-*
	fém.	*tu-*
	3e masc.	*u-*
	fém.	*tu-*
pl.	1e com.	*nu-*
	2e masc.	*tu-*
	fém.	*tu-*
	3e masc.	*u-*
	fém.	*u-*

\+

II	III
-parris	*-šapris*
-ṣabbit	*-šaṣbit*
-paqqid	*-šapqid*
-rappid	*-šarpid*

\+

- ø
- ø
- *ī*
- ø
- ø
- ø
- *ū*
- *ā*
- *ū*
- *ā*

Conjugaison : voix IV

[117]

		parāsu (a/u)	*ṣabātu* (a)	*paqādu* (i)	*rapādu* (u)
sg.	1e com.	*apparis*	*aṣṣabit*	*appaqid*	*arrapid*
	2e masc.	*tapparis*	*taṣṣabit*	*tappaqid*	*tarrapid*
	fém.	*tapparsī*	*taṣṣabtī*	*tappaqdī*	*tarrapdī*
	3e masc.	*ipparis*	*iṣṣabit*	*ippaqid*	*irrapid*
	fém.	*tapparis*	*taṣṣabit*	*tappaqid*	*tarrapid*
pl.	1e com.	*nipparis*	*niṣṣabit*	*nippaqid*	*nirrapid*
	2e masc.	*tapparsū*	*taṣṣabtū*	*tappaqdū*	*tarrapdū*
	fém.	*tapparsā*	*taṣṣabtā*	*tappaqdā*	*tarrapdā*
	3e masc.	*ipparsū*	*iṣṣabtū*	*ippaqdū*	*irrapdū*
	fém.	*ipparsā*	*iṣṣabtā*	*ippaqdā*	*irrapdā*

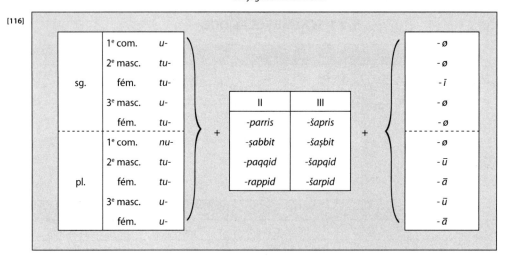

b) Les verbes faibles

Verbes I-faible

Formes de 3ᵉ masc. sg.

[118]

	I	II	III	IV
C_1 = ’	*īkul* / ēkul[1]	*ukkil*	*ušākil*	*innakil*
= ”	*īzib* / ēzib[2]	*uzzib*	*ušēzib*	*innezib*
= W	*īsim* / ēsim	*ussim*	*ušēsim*	*innesim*
= ^{w}	*ūšib*	*uššib*	*ušāšib/ ušēšib / ušūšib*	*iwwašib / i”ašib*

1 Verbes en *i* : ex. *īriq / ēriq;* verbes en *u* : ex. *īkuš* / ēkuš.
2 Verbes *u* : ex. *īrub* / ērub.

Conjugaison : voix I

[119]

		akālu ('KL ; a/u)	*ezēbu* ("ZB ; i/i)	*(w)asāmu(m)* (WSM ; i/i)	*(w)ašābu(m)* (^{w}ŠB ; a/i)
sg.	1ᵉ com.	*ākul*	*ēzib*	*ēsim*	*ūšib*
	2ᵉ masc.	*tākul*	*tēzib*	*tēsim*	*tūšib*
	fém.	*tākulī*	*tēzibī*	*tēsimī*	*tūšibī*
	3ᵉ masc.	*īkul* / ēkul	*īzib* / ēzib	*īsim / ēsim*	*ūšib*
	fém.	*tākul*	*tēzib*	*tēsim*	*tūšib*
pl.	1ᵉ com.	*nīkul*	*nīzib*	*nīsim*	*nūšib*
	2ᵉ masc.	*tākulū*	*tēzibū*	*tēsimū*	*tūšibū*
	fém.	*tākulā*	*tēzibā*	*tēsimā*	*tūšibā*
	3ᵉ masc.	*īkulū* / ēkulū	*īzibū* / ēzibū	*īsimū*	*ūšibū*
	fém.	*īkulā* / ēkulā	*īzibā* / ēzibā	*īsimā*	*ūšibā*

Conjugaison : voix II, III et IV

[120]

		akālu ('KL ; a/u)	*ezēbu* ("ZB ; i/i)	*(w)asāmu(m)* (WSM ; i/i)	*(w)ašābu(m)* (^{w}ŠB ; a/i)
II	1ᵉ sg.	*ukkil*	*uzzib*	*ussim*	*uššib*
	3 masc. pl.	*ukkilū*	*uzzibū*	*ussimū*	*uššibū*
III	1ᵉ sg.	*ušākil*	*ušēzib*	*ušāsim*	*ušāšib / ušēšib*
	3ᵉ masc. pl.	*ušākilū*	*ušēzibū*	*ušāsimū*	*ušāšibū* / ušēšibū
IV	1ᵉ sg.	*annakil*	*annezib*	———	———
	3ᵉ masc. pl.	*innaklū*	*innezbū*		

Verbes II-faible

Formes de 3^e masc. sg.

[121]

		I	II	III	IV
C_2	= '	*išāl*	*uša'il*	*uššīl*	*iššāl*
	= "	*ibēl*	*ubēl* / ubêl	*ušbēl*	*ibbēl*
V_2	= Ī	*iqīš*	———	*ušqīš*	*iqqīš*
	= Ū	*ikūn*	*ukīn* / ukîn	*uškīn*	———

Conjugaison : voix I

[122]

			šâlu (Š'L)	*bêlu* (B"L)	*qiāšu / qâšu* (QĪŠ)	*kânu / kuānu* (KŪN)
sg.	1^e	com.	*ašāl*	*abēl*	*aqīš*	*akūn*
	2^e	masc.	*tašāl*	*tabēl*	*taqīš*	*takūn*
		fém.	*tašālī*	*tabēlī*	*taqīšī*	*takūnī*
	3^e	masc.	*išāl*	*ibēl*	*iqīš*	*ikūn*
		fém.	*tašāl*	*tabēl*	*taqīš*	*takūn*
pl.	1^e	com.	*nišāl*	*nibēl*	*niqīš*	*nikūn*
	2^e	masc.	*tašālū*	*tabēlū*	*taqīšū*	*takūnū*
		fém.	*tašālā*	*tabēlā*	*taqīšā*	*takūnā*
	3^e	masc.	*išālū*	*ibēlū*	*iqīšū*	*ikūnū*
		fém.	*išālā*	*ibēlā*	*iqīšā*	*ikūnā*

Conjugaison : voix II, III et IV

[123]

		šâlu (Š'L)	*bêlu* (B"L)	*qiāšu / qâšu* (QĪŠ)	*kânu / kuānu* (KŪN)
II	1e sg.	*uša"il*	*ubēl*	———	*ukīn*
	3e masc. pl.	———	*ubēlū*		*ukinnū*
III	1e sg.	*uššīl*	*ušbēl*	*ušqīš*	*uškīn*
	3e masc. pl.	*uššīlū*	*ušbēlū*	*ušqīšū*	*uškinnū / uškīnū*
IV	1^e sg.	*aššāl*	*abbēl*	*aqqīš*	*akkīn*[1]
	3^e masc. pl.	*iššālū*	*ibbēlū*	*iqqīšū*	*ikkīnū*

[1] Ou *akkūn*, *ikkūnū*.

Verbes III-faible

Formes de 3[e] masc. sg.

[124]

	I	II	III	IV
verbe en *i*	*ibni*	*ubanni*	*ušabni*	*ibbani* / ibbini
verbe en *e*	*išme*	*ušemmi*	*ušešmi*	*iššemi* / iššimi
verbe en *a*	*ikla*	*ukalli*	*ušakli*	*ikkali* / ikkili
verbe en *u*	*imnu*	*umanni*	*ušamni*	*immani*

Conjugaison : voix I

[125]

		verbe en *i*	verbe en *e*	verbe en *a*	verbe en *u*
sg.	1e com.	*abni*	*ašme*	*akla*	*amnu*
	2e masc.	*tabni*	*tašme*	*takla*	*tamnu*
	fém.	*tabnî*	*tašmeī / tašmî/ê*	*taklaī / taklî*	*tamnuī / tamnî*
	3e masc.	*ibni*	*išme*	*ikla*	*imnu*
	fém.	*tabni*	*tašme*	*takla*	*tamnu*
pl.	1e com.	*nibni*	*nišme*	*nikla*	*nimnu*
	2e masc.	*tabniū/ tabnû*	*tašmeū / tašmû*	*taklaū / taklû*	*tamnû*
	fém.	*tabniā / tabnâ*	*tašmeā / tašmâ*	*taklâ*	*tamnuā / tamnâ*
	3e masc.	*ibniū / ibnû*	*išmeū / išmû*	*iklaū / iklû*	*imnû*
	fém.	*ibniā / ibnâ*	*išmeā / išmâ*	*iklâ*	*imnuā / imnâ*

Conjugaison : voix II, III et IV

[126]

		verbe en *i*	verbe en *e*	verbe en *a*	verbe en *u*
II	1e sg.	*ubanni*	*ušemmi*	*ukalli*	*umanna*
	3e masc. pl.	*ubanniū / ubannû*	*ušemmiū / ušemmû*	*ukalliū / ukallû*	*umannaū / umannû*
III	1e sg.	*ušabni*	*ušešmi*	*ušakli*	*ušamna*
	3e masc. pl.	*ušabniū / ušabnû*	*ušešmiū / ušešmû*	*ušakliū / ušaklû*	*ušamnaū / ušamnû*
IV	1e sg.	*abbani* / abbini	*aššeme*	*akkali* / akkili	*ammani*
	3e masc. pl.	*ibbaniū / ibbanû*	*iššemeū / iššemû*	*ikkalliū / ikkallû*	*immaniū / immanû*

8. L'IMPÉRATIF

8.1. SCHÈME VOCALIQUE

[127]

	I	II	III	IV
1	v^2 (- v^2)	*u* - *i* (bab.) *a* - *i* (ass.)		*a* - *i*
2-3	*i* - v^1	*u* - *i*		*i* - v^1

8.2. FORMES

a) Les verbes forts

Formes de 3e masc. sg.

[128]

		I	II	III	IV
		$C_1vC_2vC_3$(-)	bab. : $C_1uC_2C_2iC_3$(-) ass. : $C_1aC_2C_2iC_3$(-)	$šuC_1C_2iC_3$- $šaC_1C_2iC_3$-	$naC_1C_2iC_3$(-)
catégorie	*a/u*	*purus*	*purris* / parris	*šupris* / šapris	*napris*
	a/a	*ṣabat*	*ṣubbit* / ṣabbit	*šuṣbit* / šaṣbit	*naṣbit*
	i/i	*piqid*	*puqqid* / paqqid	*šupqid*/ šapqid	*napqid*
	u/u	*rupud*	*ruppid* / rappid	*šurpid* / šarpid	*narpid*
verbes	*I-nun*				
	a/u	*uqur* / qur	*nuqqir*[1] / naqqer	*šuqqir* / šaqqer	*nanqir* / *naqqir*
	a/i	*idin* / din	*nuddin* / naddin	*šuddin* / šaddin	*nandin* / *naddin*
	i/i	*išiq* / šiq	*nuššiq* / naššiq	*šuššiq* / šaššiq	*nanšiq* / *naššiq*
	u/u	*usuk* / suk	*nussik* / nassik	*šussik* / šassik	*nansik* / *nassik*

1 Possible ouverture du *i* > *e* devant R : ex. *nuqqer*.

Conjugaison : voix I

[129]

		parāsu a/u	*ṣabātu* a/a	*paqādu* i/i	*rapādu* u/u	*naqāru* a/u	*nadānu* i/i ou a/i
sg.	2e masc.	*purus*	*ṣabat*	*piqid*	*rupud*	*uqur*	*idin*
	fém.	*pursī*	*ṣabtī*	*piqdī*	*rupdī*	*uqrī*	*idnī*
pl.	2e com.	*pursā*	*ṣabtā*	*piqdā*	*rupdā*	*uqrā*	*idnā*

Conjugaison : voix II, III et IV

[130]

II	III	IV
purris / parris	*šupqid* / šapqid	*napris*
ṣubbit / ṣabbit		*naṣbit*
puqqid / paqqid	*šurpid* / šarpid	
ruppid / rappid		

\+

- *Ø*	2e sg. masc.
- *ī*	fém.
- *ā*	2e pl. com.

b) Verbes faibles

Verbes I-faible

Formes de 3e masc. sg.

[131]

	I	II	III	IV
C_1 = ’	*akul*	*ukkil* / akkil	*šūkil* / šākil	*nankil* / nākil
= ” et J	*epuš*	*uppiš* / eppiš	*šūpiš* / šēpiš	*nenpiš* / nēpiš
= W	———	*(w)ussim* / *(w)assim* / ussim	*šūsim* / šēsim	———
= ^{W}	*šib*	———	*šūšib* / šāšib	———

Conjugaison : voix I

[132]

		akālu (’KL ; a/u)	*ezēbu* (”ZB ; i/i)	*(w)asāmu(m)* (WSM ; i/i)	*(w)ašābu(m)* (^{W}ŠB ; a/i)
sg.	2e masc.	*akul*	*ezib*	———	*šib*
	fém.	*aklī*	*ezbī*	———	*šibī*
pl.	2e com.	*aklā*	*ezbā*	———	*šibā*

Conjugaison : voix II, III et IV

[133]

		akālu (’KL ; a/u)	*ezēbu* (”ZB ; i/i)	*(w)asāmu(m)* (WSM ; i/i)	*(w)ašābu(m)* (^{W}ŠB ; a/i)
II	2e masc. sg.	*ukkil* / akkil	*uzzib* / ezzib	*(w)ussim* / wassim	*uššib* / waššib
	2e com. pl.	*ukkilā* / akkilā	*uzzibā* / ezzibā	*(w)ussimā* / wassimā	*uššibā* / waššibā
III	2^e^ masc. sg.	*šūkil* / šākil	*šūzib* / šēzib	*šūsim*	*šūšib* / šēšib
	2^e^ com. pl.	*šūkilā* / šākilā	*šūzibā* / šēzibā	*šūsimā*	*šūšibā* / šēšibā
IV	2^e^ masc. sg.	*nankil* / nākil	*nenzib* / nēzib		
	2^e^ com. pl.	*nankilā* / nākilā	*nenzibā* / nēzibā	———	———

Verbes II-faible

Formes de 3^e^ masc. sg.

[134]

		I	II	III	IV
C_2	= '	*šāl / ša'al*	*šu''il / ša''il*	*šušīl*	————
	= ''	*bēl*	————	————	
V_2	= Ī	*qīš*	————	————	
	= Ū	*kūn*	*kīn*	*šukīn*	

Conjugaison : voix I

[135]

		šâlu (Š'L)	*bêlu* (B''L)	*qiāšu / qâšu* (QĪŠ)	*kânu / kuānu* (KŪN)
sg.	2e masc.	*šāl*	*bēl*	*qīš*	*kūn*
	fém.	*šālī*	*bēlī*	*qīšī*	*kūnī*
pl.	2e com.	*šālā*	*bēlā*	*qīšā*	*kūnā*

Conjugaison : voix II, III et IV

[136]

		šâlu (Š'L)	*bêlu* (B''L)	*qiāšu / qâšu* (QĪŠ)	*kânu /kuānu* (KŪN)
II	2e masc. sg.	*šu''il / ša''il*	————	————	*kīn*
	2e com. pl.	————	————		*kinnā*
III	2e masc. sg.	*uššīl*	————	————	*uškīn*
	2^e^ com. pl.	*uššīlā*	————	————	*uškinnā / uškīnā*
IV		————			

Verbes III-faible

Formes de 3e masc. sg.

[137]

	I	II	III	IV
verbe en *i*	bini	*bunni* / banni	*šubni* / šabni	*nabni*
verbe en *e*	*šeme* / *šime* / šimi	*šumme* / šammi	*šušmi* / šašmi	*nešmi* / našmi
verbe en *a*	*kila*	*kulli* / kalli	*šukli* / šakli	*nakli*
verbe en *u*	*munu*	*munni* / manni	*šumni* / šamni	————

Conjugaison : voix I

[138]

		verbe en *i*	verbe en *e*	verbe en *a*	verbe en *u*
sg.	2e masc.	*bini*	*šeme*	*kila*	*munu*
	fém.	*binî*	*šemeī* / *šemî*	*kilaī* / *kilî*	*munuī* / *munî*
pl.	2e com.	*biniā* / *binâ*	*šemeā* / *šemâ*	*kilâ*	munuā / *munâ*

Conjugaison : voix II, III et IV (babylonien)

[139]

		verbe en *i*	verbe en *e*	verbe en *a*	verbe en *u*
II	2e masc. sg.	*bunni*	*šummi*	*kulli*	*munni*
	fém.	*bunnî*	*šummî*	*kullî*	*munnî*
	2e com. pl.	*bunnia* / *bunnâ*	*šummia* / *šummâ*	*kulliā* / *kullâ*	*munniā* / *munnâ*
III	2e masc. sg.	*šubni*	*šušmi*	*šukli*	*šumni*
	fém.	*šubnî*	*šušmî*	*šuklî*	*šumnî*
	2e com. pl.	*šubniā* / *šubnâ*	*šušmiā* / *šušmâ*	*šukliā* / *šuklâ*	*šumniā* / *šumnâ*
IV	2e masc. sg.	*nabni*	*nešmi* / našmi	*nakli*	————
	fém.	*nabnî*	*nešmî* / našmî	*naklî*	————
	2e com. pl.	*nabniā* / *nabnâ*	*nešmiā* / *nešmâ* / našmâ	*nakliā* / *naklâ*	————

9. LES MODES

9.1. OPTATIF (AVEC PRÉFIXE MODAL lu-)

Aux voix I et IV

[140]

	I		IV	
1ᵉ sg.	lu + aprus	> *luprus* en bab.	*lu* + *apparis*	> *lupparis*
		> laprus en ass.		/ lappiris
3ᵉ sg.	lu + iprus	> *liprus*	lu + ipparis	> *lipparis*
3ᵉ pl.	lu + iprus-ū	> *liprusū*	lu + ipparis-ū	> *lipparsū*
	+ iprus-ā	> *liprusā*	+ ipparis-ā	> *lipparsā*

Aux voix II et III

[141]

	II		III	
1ᵉ sg.	lu + uparris	> *luparris*	*lu* + *ušapris*	> *lušapris*
3ᵉ sg.	lu + uparris	> *liparris*	*lu* + *ušapris*	> *lišapris*
		/ luparris		/ lušapris
3ᵉ pl.	lu + uparris-ū	> *liparrisū*	*lu* + *ušapris-ū*	> *lišaprisū*
		/ luparrisū		/ lušaprisū
	lu + uparris-ā	> *liparrisā*	*lu* + *ušapris-ā*	> *lišaprisā*
		/ luparrisā		/ lušaprisā

9.2. LE VENTIF

[142]

	singulier et 1e pers. du pl. (formes sans suffixe vocalique)	pluriel : 2e et 3e pers. (formes avec suffixe vocalique)
suffixe	- *a(m)*	- *ni(m)*
exemple	*išpura(m)* il m'a écrit	*išpurūni(m)* ils m'ont écrit

9.3. LE SUBJONCTIF

[143]

	babylonien	assyrien
suffixe	- *u*	- *uni*
3e sg.	*ikšudu*	*ikšuduni*
3e pl.	*ikšudū* (subj. latent)	*ikšudūni*

9.4. VENTIF + SUBJONCTIF

[144]

	babylonien		assyrien	
	ventif +	subj.	ventif +	subj.
forme sans sfx.	- *a(m)*	latent	- *am-*	- *ni*
forme avec sfx.	- *ni(m)*	latent	- *nim-*	- *ni*
3^{e} sg.	*ikšuda(m)*		*ikšudanni*	
3^{e} pl.	*ikšudūni(m)* (subj. latent)		*ikšudūninni*	

ISBN 978-2-87457-007-0